北总布胡同三十二号

人民美術出版社

人民美术出版社的
老艺术家们（续）

林
阳
著

目 录

2013 年春，北总布胡同 32 号的老院子（摄影 郭青）

1956年9月30日，毛泽东、朱德等同印度尼西亚共和国总统苏加诺
观看《苏加诺工学士、博士藏画集》

序：人美的精神

周　伟

去年11月19日，来人民美术出版社工作的第一天，就为萦绕心头多日的一个问题找到了答案。钓鱼台国宾馆贵宾厅有一巨幅书法作品《钓鱼台颂》，恢宏大气，庄重典雅，与国事活动场所相互辉映，相得益彰。这幅代表中国气派的作品让我仰慕已久，也疑惑好久：只知是乔羽先生作词，不知谁人所书。与《北总布胡同32号——人民美术出版社的老艺术家们》的作者、人美社总编辑林阳聊起来，才知道这竟是林阳先生的先父、人美社原副总编辑林锴先生的作品。林锴先生也是北总布胡同32号里的艺术家之一。虽是偶得，但这样一个发现，不禁又一次让我对人美社肃然起敬。尤其是读过书中记述的26位艺术家的故事之后，身处艺术重镇的自豪感更是油然而生。从人美社创始时期的领导人萨空了、邵宇，到新中国连环画的奠基人之一姜维朴，再到创作室的代表人物王叔晖、刘继卣，一直到今天仍活跃在书法艺术舞台上的沈鹏，26个光辉的名字组成的人美社老一辈艺术家、出版家、编辑家群像，这就是一座座丰碑，永远屹立在北总布胡同32号这个承载着几代人美人情感的地方。

26个名字背后的历史，不仅仅是26位老艺术家的个人生平史记，他们化为一个光荣的艺术家群体记录着人民美术出版社64年的历史。他们告诉读者：64年前的9月15日，人民美术出版社成立，开国总理周恩来题写了社名；20世纪50年代的“新年画运动”、“连环画改造运动”和富于时代特色的宣传画出版，《苏加诺工学士、博士藏画集》和《宋人画册》获得莱比锡国际书籍艺术博览会金奖；六七十年代国内政治运动不断，艺术家们被下放干校劳动，即便在这样的环境中，他们仍以干校生活为背景，创作出反映时代而又饶有兴味的作品，让人感受到老一辈艺术家的达观、向上的精神以及对艺术的不懈追求；改革开放以来，60 卷本的《中国美术全集》出版、连环画迎来黄金时代、期刊方阵的形成等都与老艺术家的工作息息相关，与他们的努力密不可分。人美社的发展大事，在 26 位艺术家的生活中往往可以找到细节。特别引人注意的是，沈鹏先生从 1951 年进社一直到现在担任全国政协委员，他在人美社工作 64 年，和人美社同龄！沈鹏先生作为人美社重大事件的亲历者，时刻关心着人美社的发展，捐出 100 万元资助学术出版，时时显示着对人美社的拳拳之心。

读懂 26 位艺术家的经历，不仅帮助我们读懂人美社 64 年鲜活的历史，更重要的是让我们读懂一个大写的人美，那就是一种人美特有的精神。那是一种什么样的精神？他们的艺术作品“庄重大气，有大家风范，如黄钟大吕”。曹洁说：“我设计的东西一定要有中国气派、民族风格，我要坚持！”齐白石评价李青萍画作：“李青萍小姐画无女儿气！”古元说：“我创作的基本指导思想就是要把我所经历过的那些年代，在我的画板上留下一些痕迹。”透过他们的艺术作品，我们更多地感受到中国气派、大家风范和时代气息。同时，他们又是贴近读者、贴近大众的。任率英说：“作画就是要让老百姓喜欢！”沈鹏书法率真神飞，“他追求率真而为，天真烂漫，情趣横生”。他们又甘为人梯，甘作嫁衣。中国现代漫画“鼻祖”鲁少飞是中国漫坛伯乐，发现并培养了以华君武为代表的一代新人。“给他人作嫁衣，要做出最美的嫁衣才是！”这样的话语，更是掷地有声。在当代工笔仕女画第一人王叔晖女士的追悼会上，人美社同事为她送了一幅挽联：“将普及者提高，将提高者普及，善始善终真同道也；为红花之绿叶，为绿叶之红花，洁来洁去岂常人乎？”这一段闪光的话语让我们看到的是老艺术家们的个性、精神与风骨。简言之，他们的一言一行、一字一画无不透着这八个大字：中正大雅，朴真至美。中者，央也；正者，不偏不倚，合于法度。中正，是人美社作为国家美术出版机构的独有特质，是中国气派、大家风范。大雅，出自《诗经》，本为贵族作品，也谓高尚雅正，或指德高大才之人。恰与人美社的产品特点、人才群体的特点相吻合。朴真既是自然、率性，又强调拥有一种“林泉之心”，前指客体，后指主体，强调人与自然的统一，彰显人的天然之性，朴素的自然之美。自然之美来自人民群众，来自广大读者，来自社会基层，是接地气儿的美，是真性情，是至美境界，是美中之“大美”。

人美社建社64年，在北总布胡同32号流传的美丽思想，所有的光荣与梦想、悲情与喜悦、诗意与自由，因老艺术家们留下的故事而历久弥新。当我们挣扎在信仰与物欲的漩涡之中，当我们伫立在理想与现实的十字街头，当我们徘徊在坚守与名利之间，细数这些名字，我们有理由相信，人美社始终拥有这些优秀的灵魂和“大美”精神，薪火相传不只是一个遥远的传说。他们始终给我们思想、感动和力量！在本书梓行之际，人美社也将由北总布胡同32号迁入“双井1号”新址，北总布胡同32号虽不再见，却是人美人永远的精神地标，她用那“大美”精神始终照亮我们前行的路。

2015年7月17日

鲁少飞

〔漫画家、编辑家〕

—鲁少飞 先生—

中国漫坛的伯乐

鲁少飞

(1903—1995)

上海人，著名漫画家、编辑家

被后人誉为中国现代漫画的“鼻祖”、中国漫坛的“伯乐”。曾创办中国漫画家协会。1934年，担任《时代漫画》主编。主办《救亡漫画》，主编《国家总动员画报》。1951年，调入人民美术出版社任画册编辑组组长。作品有《改造博士》《鱼我所欲也》《晏子乎？》《渔鹰》等。1993年，中国美术家协会漫画艺委会授予鲁少飞“中国漫画金猴奖”荣誉奖。中国民主促进会会员。

一

鲁少飞 1903 年出生于上海，父亲鲁承荣是一位民间画工。鲁少飞自幼受家庭熏陶，随父习画。他曾因为临摹广告上的一只锃亮的皮鞋而受到大家的表扬，增强了画画的兴趣和信心。

1916 年，年仅 13 岁的鲁少飞因家庭贫寒辍学，到上海永安公司当练习生。1917 年春，他考入上海商务印书馆印刷所当绘图生，一年后考入上海美术专科学校西画系。1920 年，他在上海晨光美术会学画，同时担任上海艺术研究院素描教师。期间，发表《战神崇拜狂》《弄虚作假的艺术家》等令人瞩目的作品。后到上海大中华影片公司当美术员。1924 年，赴当时的奉天美术专科学校任西画教员。北伐期间，他到南京参加革命军，在总司令部政治部从事漫画宣传工作，画过《打倒列强》《打倒土豪》《解放妇女》等大幅漫画。1926 年至 1927 年，他任上海民新影片公司美术主任。1927 年，他和丁悚、张光宇、叶浅予等漫画家组织了中国第一个漫画团体——漫画会，此会为他出版了一本《北游漫画》。

1928 年，鲁少飞与徐卓呆、季小波等人合作长篇滑稽漫画《改造博士》《毛郎艳史》《陶果儿》，发表在上海《申报》。这是我国最早的长篇漫画。

1929 年，张光宇、张正宇和鲁少飞等人创办了中国美术刊行社，创办周刊《上海漫画》，鲁少飞参加《上海漫画》的编辑工作并开办漫画函授班。蕾文于 1945 年发表在《商务日报》的文章中说到：“《上海漫画》是较沈泊尘氏主编的《上海泼克》更完善的刊物……”

1932 年，张光宇、邵洵美、曹涵美、张正宇和叶浅予联手在上海创办时代图书公司。1934 年至 1937 年，创办了《时代漫画》，出版人张光宇委托鲁少飞全权主持刊物的工作。

1934 年至 1937 年，鲁少飞担任《时代漫画》（共计 39 期）主编。在编刊过程中，他培养造就了一批具有鲜明个性的、日后享誉中国的漫画家，从此，鲁少飞被誉为中

1938 年，鲁少飞与家人在广州合影

20 世纪 40 年代鲁少飞与家人在兰州时合影

上海漫画
94
春天的旅行
SHANGHAI SKETCH
中華郵政特准掛號認為新聞紙類
中華民國十九年三月十五日
(星期六)
上海山東路A字一號中國美術刊行社出版
上海熱河路大鵬印刷公司代印

《上海漫画》封面

国漫坛的“伯乐”、中国现代漫画的“鼻祖”。

《时代漫画》自1936年2月(第26期)后停刊,原因是鲁少飞在第26期《时代漫画》封面画了一幅《晏子乎?》,讽刺国民政府对日本的屈辱外交,引起日本驻华使节的抗议,鲁少飞被国民党上海市社会局扣上“危害民国”罪而多次被传讯,险遭关押,后被罚款,刊物也被勒令停刊。虽然如此,该刊物暂时改名为《漫画界》,继续出版,不久又恢复原名。

1936年夏天,鲁少飞与叶浅予、张光宇、张正宇等发起组织“全国漫画家协会”,并筹备举办了中国漫画史上第一次“全国漫画展览”。鲁少飞从此成为中国漫画界的旗帜人物。

1937年,“八一三”抗战爆发后,鲁少飞与张光宇、王敦庆主编《救亡漫画》三日刊,第二期刊登了自己创作的《日寇将活人当靶子》,无情地揭露了日本侵略军的暴行。《救亡漫画》出版了10期,直到上海沦陷才停刊。

1938年,鲁少飞去广州,主编《国家总动员画报》,向民兵宣传坚持抗战。此时,鲁少飞是中华全国漫画作家协会战时工作委员会委员。不久,他又去了香港,在那里遇见了曾在上海《立报》共过事的萨空了。

1938年,鲁少飞在萨空了的介绍下去新疆。他们全家跋涉了8个月,才抵达迪化(现在的乌鲁木齐)。鲁少飞在新疆担任《新疆日报》漫画编辑,他每天给《新疆日报》画报头漫画。

后来新疆风云突变,盛世才屠杀和驱离中共党员和进步人士,毛泽民被杀害后,鲁少飞在《新疆日报》上公开发表诗作:“壮士革命历长征,且是浩气贯乾坤。乃为抗日固后方,手创经济利众生。四百万民齐拥戴,新疆大地正义伸。哀哉精英遭毒手,天山到处怀啼痕。”萨空了在重庆得知赵丹等进步文化人士被拘禁的消息后,给鲁少飞发急电,让他和一些文化人尽快回上海。鲁少飞的长女鲁海成回忆说,在鲁少飞兼职任教的女子中学举办的欢送会上,一个女学生下巴顶着她的头哭,眼泪滴了她一头。

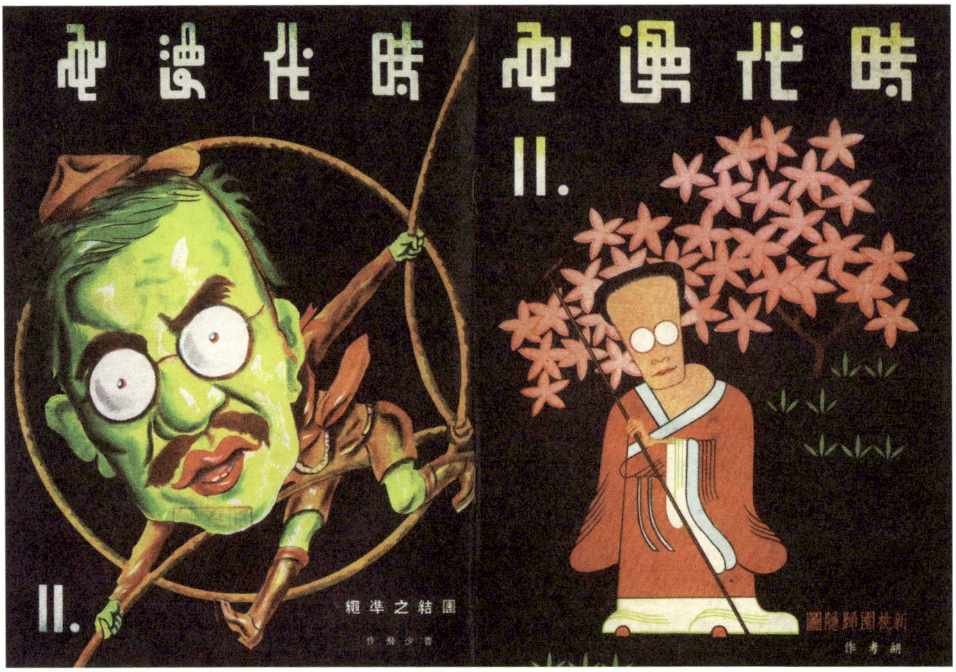

《团结之准绳》（图左页）《时代漫画》第 11 期刊登封面　鲁少飞

她那时年龄不大，不明白，说："我要回老家了，你们哭什么呀？"那个女孩哭得更厉害了，原来，多数被遣送出境的不是半途被打死，就是被关起来。鲁少飞一家人和一些文化人家属走出新疆地界才舒了一口气，很惊异能活着出新疆。

1943 年初，鲁少飞携妻带子本来打算要回上海，可此时上海被日本人占据，于是停留在兰州，一住就是 5 年。这期间，张治中派人创办了《和平日报》，报社委托鲁少飞创作连载漫画，这是漫画《马二哥》的创作起源。《马二哥》每期四格，隔日刊载，主要表现兰州普通民众的生活，讽刺了"纳税"、"抓壮丁"等怪现象。后来因为制版材料缺乏，《和平日报》停办。《马二哥》先后连载了四十多期。

1946年1月3日，他与常书鸿、赵望云、潘絜兹等人在省立图书馆艺术生活旬刊社主办了第一届美术展览会。一时观众如云，身处西北内陆的兰州广大市民大开眼界，欣赏到了漫画、油画、素描等诸多画作。

这期间，鲁少飞还在兰州和重庆举办了“鲁少飞新疆画展”。

鲁少飞在《记在兰州的漫画二三事》中说：“我总觉得当时在兰州，对漫画一门竟没有人来认识它的功用，所以亦没有支持者，遂亦没有发表的园地，意思是完全缺乏立足之地。时代变了，今非昔比，是可以如鱼得水，力求发展。”

1989年10月，甘肃漫画研究会副会长苏朗在《甘肃晨报》上发表文章，他说：“追溯历史，甘肃的漫画早期发端可以从抗战时期说起……鲁少飞创作了连载漫画《马二哥》等作品，还举办过漫画作品展。这是甘肃漫画的发掘时期……鲁少飞在兰州的漫画创作，无疑是为甘肃漫画事业拓荒，让民众认识了漫画，逐渐了解漫画的作用。”

在鲁少飞的创作和带动下，甘肃漫画创作从此逐渐发展起来。

《千里马常有 · 而伯乐亦常有》《时代漫画》第14期刊登 鲁少飞

《这是我的避暑捷径……》《时代漫画》第7期刊登 鲁少飞

（左）1934 年 4 月 20 日作品，揭示一位常常垂涎别人妻／女的上等人，是一个为富不仁的伪君子模样儿。

（右）1935 年 4 月 20 日作品，此图揭示所有我国家财富都由蒋、宋、孔、陈四大家族掌握。

（左）1935 年 5 月 20 日作品，白银问题及其他的经济关系，一方面我们尽地主之谊，一方面他们不够讲交情。使我国的白银源源的流入美国罗斯福总统的库存里。

（右）1935 年 12 月 20 日作品，此图揭示日冠肆意把中国变为农业国而各国又妄想能有所染指之意图。

二

萨空了是人民美术出版社第一任社长，主掌新中国美术出版事业的大旗。在他带领下，人民美术出版社的出版事业欣欣向荣，蓬勃发展，尤其是新中国成立初期，出版了大量年画、连环画、宣传画，为普及美术做出重要贡献。

早年，鲁少飞就与萨空了相识，他们一同去的新疆，同样的经历使他们有着不一般的友谊。新中国成立后，鲁少飞到人民美术出版社参加工作，想来应当是萨空了的推荐。

1951年，鲁少飞到人民美术出版社，任画册编辑组组长。

《苏加诺工学士、博士藏画集》是人民美术出版社出版的重点图书，也是国务院安排的重点图书。苏加诺是印度尼西亚共和国的首任总统。1955年12月，他邀请中国驻印尼大使馆文化参赞司马文森夫妇观看他的藏画。总统府画家杜拉表达了出版《苏加诺工学士、博士藏画集》的意愿。司马文森随即起草报告向国内请示，很快得到肯定的答复。

《苏加诺工学士、博士藏画集》由安靖、鲁少飞担任责任编辑，曹辛之、曹洁担任装帧设计。《藏画集》第一、二集于1956年9月苏加诺访华前由人民美术出版社出版。在1959年莱比锡国际图书艺术博览会上，该书获得了金奖，这是新中国在世界上得到的第一个图书金奖。

苏加诺总统亲自写序，他说："这并非是因为我的藏画水平很高，而只是说明了我对艺术的爱好，同时也为了使中国人民和印度尼西亚人民之间的兄弟般的友谊更加密切。"

《印度尼西亚华侨美工团作品选集》由鲁少飞编辑，1958年出版，8开精装，由曹洁设计，延续了《苏加诺工学士、博士藏画集》的风格。

1958年，由鲁少飞编辑、李文昭设计的《西行漫画》出版，这其中有个传奇故事。

1958 年，一位读者偶然在北京图书馆发现了一部出版于 1938 年的《西行漫画》，内容是炭笔素描的“夜行军中的老英雄”、“过湘江”、“遵义大捷”等 25 幅反映长征的绘画作品。1938 年，时任红军第一军团政治部组织部部长、第二师政委的萧华将这些画的照片交给当年在上海主持风雨书屋的作家钱杏邨（阿英）编辑出版，当时印制了 2000 册，大部分发行在国统区，不久便被当局查处没收了。人民美术出版社得知此书信息后，决定出版，由时任美术编辑组组长的鲁少飞担任责编，李文昭负责美术设计。

萧华为《西行漫画》作序，他在序中说：“这本《西行漫画》是二十年前在上海出版的，漫画作者已经查不清是什么人了，我想，很可能是红军第五军团中做宣传工作的同志们……当翻阅这本小小的画集的时候，我难以抑制内心的激动，短短的 25 幅漫画一下子就会把我拉回到二十多年前的回忆中。一些永生难忘的情景展现在我的面前：终年积雪的夹金山，茫茫无垠的大草地，波涛滚滚的大渡河，深山老林中的篝火，西北高原上的风沙……”

1958 年版《西行漫画》没有署名，发行 3000 册，后来方得知，绘画作者是黄镇（时任外交部副部长）。

这本书，人民美术出版社从 1962 年至 1986 年，再版了四次，黄镇同志定名为《长征画集》，并亲笔题写了书名，作者署名黄镇。

阿英写道：“这二十多幅画，是伟大长征的片断纪录，是真实的革命史料，也是珍贵的艺术品。作者同千千万万的战士一道，万里跋涉，在战斗的行列中，用画笔写下了这些历史的动人的场面。这些画是感人至深的。作者特别突出地反映了红军战士们的革命乐观主义精神，也纪录下了红军路过的少数民族地区的风光和‘干人儿’（即穷人）的苦难的生活。这样的作品至今还不多见。”《长征画集》即将再次由人民美术出版社出版。

盒装画册《全国青年美术工作者作品展览会选集》是鲁少飞编辑设计的图书，在当时是精装书，1959 年由人民美术出版社出版，书籍设计简约朴素、明快大方。

常书鸿画集《常书鸿》1959 年出版，15 开，活页共 13 张。鲁少飞为此书作序。在序中，鲁少飞以专业的眼光评价常书鸿的绘画，他说："画家所画的静物油画，以周密、细致、精确、完整的各项处理见长，能给予人一种色彩复杂丰富和整体协调而耐人寻味的感受。'鸡'主调是银灰色，气氛柔和，明暗变化很匀称，笔触也很痛快豪放，是画家得意的作品。'平地一声雷'红的暖色调和绿的冷色调相互映照和呼应，各种物体色调画得很是细腻精确……"鲁少飞在此书"序"中，深入肯綮，分析了常书鸿绘画的特点，十分到位。

1955 年，为普及美术，鲁少飞编辑了一本叶浅予著的《怎样画速写》。1958 年，他策划了"初级技法丛书"16 种。这些普及版小册子为新中国的美术普及工作做出了很大的贡献。

1958 年，鲁少飞编辑了一本《门采尔素描选集》，精装本。这本书装帧气派，不知在"文革"中，是否因为"洋"而被批判。2006 年，这本书被年轻编辑从图书馆找出来，重新出版，至今已经再版 5 次。

1964 年人民美术出版社出版的《现代人物画选》也是鲁少飞编选的，这本书有黄胄、刘继卣、蒋兆和、关山月、刘文西等几十位画家的作品。

人民美术出版社老社长田郁文曾说："我有机会看过档案，少飞同志经手的稿子件件认真仔细，无懈可击，实该青年编辑好好向他学习。"

我在人民美术出版社图书馆寻找鲁少飞的印迹，找到了他编辑的 21 本图书，因为单位搬家，许多图书未能找到，比如他编辑的"初级技法丛书"16 种，我只看到了 3 种，说明鲁少飞在人民美术出版社短短的十几年中，编辑过大量图书。

1984 年《时代漫画》50 周年纪念活动，鲁少飞（左三）与叶浅予等老艺术家们在胡考家合影留念

三

鲁少飞是中国漫画史上元老级的漫画家，又是编辑大家。

正如影像在中国的发展与世界同步一样，民国漫画也跟随世界的脚步。它们都是代表一个时代的艺术种类。在漫画最活跃、最繁荣的 20 世纪二三十年代，中国有二十多本漫画期刊先后问世。

《时代漫画》在当时许多漫画报刊中，成为一本标志性的刊物，这是因为《时代漫画》

1986 年鲁少飞与黄镇在一起亲切交谈

独特的选稿规则、独到的培养作者的方法，并通过它的影响，在上海逐渐形成中国漫画大本营，开创了一个新的时代。而《时代漫画》的主编鲁少飞，则起到了中流砥柱的作用。

1934 年 1 月，《时代漫画》创刊号上没有发刊词，仅有一段“编者补白”，这应当是鲁少飞的风格：“编这书经过，自然很多话想说，但不占地位，因就省去。只希望读者不原谅，作者努力追究，编者极不厌烦，发行者尽力推销。目下四围环境紧张时代，个人如此，国家世界亦如此。永远如此吗？我就不知道。但感觉不停，因此什么都想

《洋婆子的生活》鲁少飞　漫画（中国美术馆藏）

解决，越不能解决越会想应有解决。所以，需要努力！就是我们的态度。责任也只有如此。这一期封面的图案，以后用作我们的标识，表明‘威武不屈’的意思。‘事事要不浪费’，是一句很时髦的话。我吃的是流行饭，当然榨出一点流行的脑汁，就此搁笔。”

鲁少飞有着现代编辑意识，他不以名家为唯一取稿对象，而是以稿为上，稿子面前人人平等这样的选稿标准，给年轻作者提供了更多的发表漫画的平台。最大限度地培养新的年轻作者，是他坚定不移的编辑态度。这样的编辑方针也使漫画名家们加倍努力，力争稿件被选用，而年轻作者因此有了更多的竞争机会。他不仅为年轻作者提供许多版面，甚至让他们的画上封面。华君武、丁聪、黄苗子等著名的漫画家都是通过投稿被发现、挖掘，成长为著名漫画家的。

在 1990 年举办的“华君武漫画创作六十周年回顾展”上，华老接受记者采访时说：“30 年代我还是一个毛头小艺徒呢，而丰子恺、叶浅予、张光宇、鲁少飞等人，已经是享有盛名的漫画家了。我通过投稿逐渐认识了他们。”

鲁少飞是漫画家，但他甘心为他人作嫁。他将主持漫画刊物视为对社会的最大奉献。在他主持的漫画刊物中，介绍了不少国外优秀的漫画作品和精短的漫画理论文章，为创作者提供更广阔的视野。他呼吁漫画家们，重视读者的需求，发挥自己自由的想象力，讽刺现实社会的不良现象，创作出更多更好的作品。

《洋婆子的生活》(局部)鲁少飞 漫画(中国美术馆藏)

《骆驼祥子》　鲁少飞　漫画选页

与鲁少飞前辈相似的是，我曾在1995年主持创办《少年漫画》刊物，也是漫画刊物，当时印象最深的也是用稿原则，要坚持以稿为上，对稿不对人。否则，读者不买你的账，刊物无法在激烈的市场竞争中立足。

在人民美术出版社做编辑期间，鲁少飞对漫画仍然情有独钟。他编辑过大量的漫画类图书，如《漫画常识》《东风漫画》《第一届全国漫画展会作品选集》等，像1958年出版的精美的《西游漫记》（张光宇作），即使今天看来，其编辑质量、印装质量仍然上乘，叹为观止。

鲁少飞在《第一届全国漫画展会作品选集》的序言中表明了对漫画的理解："艺术的夸张不仅对于漫画是需要的，从广义上解释，一切艺术都需夸张，因为通过艺术的夸张可以使形象更典型、更突出。夸张不等于夸大和歪曲，恰恰相反，真正的夸张，是为了更确切地反映真实……"

鲁少飞曾经说过："漫画不尽是雕虫小技，而是反映与记录了30年代的时世与社会的百象图，斯可传于后世，珍视之！"可谓是对漫画这一画种的精辟见地。

在人民美术出版社十几年间，鲁少飞编辑了大量画册和普及类图书。1993年，中国美术家协会漫画艺委会授予鲁少飞"中国漫画金猴奖"荣誉奖，他当之无愧。

鲁少飞是20世纪中国漫画的开山之人，他倾尽全力，以专业的眼光编辑漫画刊物，培养年轻的漫画作者，他对中国漫画事业的贡献无人能替代。他对人民美术出版社的品牌建设倾心尽力，做出很大贡献。

卜孝怀

〔中国画家、连环画家〕

—卜孝怀 先生—

新中国连环画的先锋

卜孝怀

（1909—1970）

又名卜宪中、卜广中，河北安国人

中国画家、连环画家

1932年毕业于北平艺术专科学校及朝阳大学，专攻人物画，师承徐燕孙等人。曾先后任教于国立北平艺术专科学校、北平美专、京华美专及艺光国画社。新中国成立以后，先后任人民美术出版社创作室创作员、吉林省艺术专科学校教师。北京中国画院兼职画家。中国美术家协会会员，吉林省文联委员，中国美术家协会吉林分会理事。

一

卜孝怀童年时代酷爱绘画。他的家乡河北安国古称祁州早年是著名的药市，全国各地的药商每年春季开市之时都聚集此地。县城内有个药王庙，供奉着“药王”孙思邈，庙外铁旗杆上面装饰着凤凰，这些造型给卜孝怀留下了深刻的印象。药市上有各种演出，如昆曲演员侯永奎演的蟠桃会中的猴王，白云生、韩世昌演的牡丹亭，那些优美的身段舞姿，他都能默记在心，第二天就可以描画出来。卜孝怀 14 岁时拜刘琢如为师，刘琢如先生是涿县知名山水画师。

20 岁时，卜孝怀考入北平京华美专，此后转到国立北平大学艺术学院。为了学习喜爱的人物画，他拜著名人物画家徐燕孙先生为师，曾住在徐先生家中随时求教。由于他学习勤奋刻苦，对绘画悟性好，常常有自己独到的见解，徐燕孙介绍他参加中国画学研究会。中国画学研究会由两位著名画家金北楼和周养庵主持。研究会的活动内容很丰富，每月逢二、五、八日在北京中山公园集会，画家们拿出自己的作品互相观摩，有的还拿出珍藏的古画真迹供大家欣赏或临摹，每年举行一次画展。卜孝怀学习和吸收前辈们的长处，进步很快。

1940 年，卜孝怀到北京故宫博物院古物馆工作，见到馆藏的历代名画。他每日早出晚归，利用工作之余进行临摹。他临摹了许多珍贵的人物画作品。

1948 年，他有一个经常往返北京和安国县之间的表亲，常讲些家乡老解放区的情况，鼓励卜孝怀画现实题材的画。卜孝怀听了深受感动，根据表亲提供的故事情节，完成了一批反映解放区生活的作品。

1949 年春，由江丰、吴一舸等同志主持审画，在北京北海公园琳光殿及山上的甘露殿举办了新中国成立后较早的美展之一——“卜孝怀革命故事画展”，展出作品八十余幅。展室正中绘的毛主席和朱总司令骑着骏马在山坡上远眺，人物刻画写实，气魄雄伟。这些画得到观众的赞赏。来看画展的人很多，室外山坡上甚至排成长队等

1941年摄于中南海植秀轩（右起：卜孝怀、周元亮、徐燕孙、顾影〈徐妻〉、刘锡永）

待参观。此情此景使卜孝怀受到很大的鼓舞。不久，卜孝怀取材赵树理的名著《小二黑结婚》创作出连环画，由中国书店印行，《刘巧儿》连环画由灯塔出版社出版。

二

1951 年，卜孝怀随恩师徐燕孙调到人民美术出版社工作，在创作室承担创作年画、连环画的工作，陆续画出《猪八戒吃西瓜》及刊登在《连环画报》上的短篇连环画《金钥匙》等。

著名人物画家刘凌沧回忆说："新中国成立后，孝怀进入了人民美术出版社的连环画创作室。他工作勤恳，创作了大量的年画、连环画，在社会上流传很广，声誉日增。我那时任教于中央美术学院中国画系。记得有一次到他们出版社参观，在楼上一间长方形的画室里，一排排画案，刘继卣、墨浪、任率英、王叔晖等名家都伏案作画，人才济济，堪称一时之盛。他们的作品均受到广大读者的欢迎。"

20 世纪 50 年代，人民美术出版社计划出版重点大型连环画《水浒传》，共 26 集，卜孝怀一个人承担了其中 12 集，总计约 1500 幅。这说明人民美术出版社对卜孝怀的信任。这部连环画《水浒传》影响巨大，是人民美术出版社的标志性出版物。

《水浒传》连环画是人民美术出版社创作室水平的一次检阅，除了刘继卣、王叔晖等人有自己的创作外，大多创作员都承担了相应的任务，像徐燕孙领衔承担了《三打祝家庄》的创作任务。

而在这套连环画中，画得最出色也最快的恰恰是卜孝怀。正像姜维朴先生回忆的那样，"他是完成任务最多最好的，而且是最准时完成任务的画家"。卜孝怀为此获得人民美术出版社 1955 年度优秀工作者称号。《水浒传》连环画场面宏大，人物众多，如何塑造典型人物是画家需要思考的问题。卜孝怀深入刻画人物性格，如宋江的机智

1943 年卜孝怀与关志芬在北京中山公园举行婚礼
（左起第四人为关志芬、第五人为卜孝怀，后排左起第三人为徐燕孙）

人民美术出版社 1955 年度优秀工作者合影纪念（第三排右起第三人为卜孝怀）

多谋、李逵的鲁莽强悍，他将梁山每位好汉都做了自己的诠释。这部作品充分展示了卜孝怀的创作激情和极高的绘画水准。

卜孝怀胸怀博大，有爱国情怀。20 世纪 50 年代初，卜孝怀家里较为困难，由于多年劳累，他患上眼疾，左眼视力明显减退，人民美术出版社为此还发过他救济金。但是当他第一次领到连环画《水浒传》的稿酬时，却将全部稿酬捐献给祖国，支援抗美援朝，不久又积极认购公债。

卜孝怀为人坦诚，乐于助人。徐燕孙被打成“右派”后，几乎无人再与他来往，只有他的弟子任率英、张树均、李大成等人看望。徐燕孙去世后，卜孝怀把家里西屋四间房腾出来，请两位师母住。这件事成为一时的佳话。

三

12 册《水浒传》连环画是卜孝怀创作的一个高峰。第一集《九纹龙史进》、第三集《野猪林》、第四集《林冲雪夜上梁山》、第九集《狮子楼》、第十集《快活林》、第十二集《闹江州》、第十三集《李逵下山》、第十七集《三山聚义》、第十八集《闹华山》、第二十二集《李逵元宵闹东京》、第二十三集《燕青打擂》、第二十四集《黑旋风扯诏》等，约 1500 幅。看得出，出版社的要求是大家完成各自单本创作任务时，他要将这 12 册稿件同期完成。而卜孝怀确实按时保质保量完成了。这部连环画，人物众多，场面宏大，构图多变，梁山每位好汉都具有独特的性格。卜孝怀在绘制这上千幅画面时，可谓煞费苦心。他精心塑造了李逵、林冲、武松等人的勇猛、正义形象，巧妙安排了复杂热闹的武打场面，这些都给人们留下深刻的印象。

卜孝怀创作认真，他的夫人关志芬回忆说：“他创作这些画面时，自己就如演员进入角色一般，有时画到某些动作架式，他觉得处理不妥当，就对着大镜子练几个架

《水浒传》之《三山聚义》封面 卜孝怀 连环画

式，或请别人做模特。他认真对待画面上每一个细节，对服装景物都一一进行过查证，力求避免疏漏。记得他在绘制《闹华山》时，曾与我提及故事情节中有一道具叫‘金铃吊挂’，而所谓‘金铃吊挂’究竟系何形何物很难查到资料，他是凭着幼年在庙里神像前见到过的印象画出的。由此可见，他能创造出那样多的画面是和平时注意观察生活和博闻强识有很大关系的。”

卜孝怀的儿子卜昭欢这样回忆卜孝怀作画时的情景："父亲把连环画脚本从皮包中拿出来，细细地看一会儿，稍加思索，便开始用铅笔在印有人民美术出版社字样和画框的绘画纸上打稿。草稿一般很粗略，笔触也很轻，只有大致的构图与人物动作，主要人物则用简约的线条画出眼睛与鼻嘴的位置以及大概的表情神态……父亲勾线不用墨汁。墨是从琉璃厂那些地方买的旧墨，所以用得很精心。墨买回来往往是先用宣纸精心包好，封上蜡，用时用一点撕开一点。他把墨研得浓浓的，画在纸上好像凸起来的样子，闪着漆一样的亮光。”“父亲每天走得很早，回来很晚，班上那幅画没画完是不会回家的。回家匆匆吃口饭，他又伏案作画。有一次放假，他急着赶画，完全没有理会刚熟的玉米面粥有多么烫，一口喝下去，食道和胃全烫成了重伤。这事给我留下了极其深刻的印象。”

卜孝怀以工笔重彩人物画为主，主要取法仇（英）、唐（寅），深谙工笔十八描。他的作品格调高雅，结构严谨，线描熟练劲健，赋色绚丽清新。尤其是新中国成立后的创作，他更加注意到人物形象的塑造，线条简约，强调其韵律。他常以兰叶描法作画，线描随人物动态而变。他追求的是描写对象的精神状态。

《水浒传》之《李逵闹东京》之二　卜孝怀 连环画

《水浒传》之《李逵闹东京》之七　卜孝怀 连环画

《水浒传》之《李逵闹东京》之十一 卜孝怀 连环画

《水浒传》之《李逵闹东京》之十五 卜孝怀 连环画

四

1961 年，卜孝怀调到吉林艺术专科学校任教，到了新岗位后，他很快就适应了教学的需要，备课、讲课都很认真。他将自己的绘画实践和经验无保留地传给学生。缺少教材，他亲手绘制 10 幅《九歌图》。此图原是两宋人物画中具有代表性的力作。临习过这个摹本的学生，对此至今记忆犹新。

卜孝怀离开人民美术出版社后，又以工笔绘制了彩色连环画《李逵闹东京》《东吴招亲》等，均由吉林美术出版社出版。

卜孝怀晚年的工笔人物画神形兼备，有自己独到的理解和表达方式。比如工笔人物画作品有《横槊赋诗》《公孙大娘舞剑图》等。他描绘的人物，造型端庄自然，设色雅致，用笔流畅飘逸、简约适度，更为注意表达人物的精神世界。如《东吴招亲》作品中对刘备、孙尚香的表现都着意内心世界的刻画。

1969 年，卜孝怀下放到吉林省永吉县黄榆公社小河沿子大队，此时，他已经 60 岁，加上多年的疾病，于第二年病逝，终年 61 岁。张伯驹先生为他写下挽联：“努力从公夫妇共，思亲望帝画图传。”

卜孝怀在人民美术出版社工作十年，是位高产的画家，创作出几千幅高质量的连环画。他将自己最好的年华奉献给人民美术出版社，奉献给新中国的美术事业，我们永远怀念他。

《东吴招亲之孙尚香仗义回荆州》卜孝怀　连环画

《东吴招亲之诸葛亮定计败周郎》卜孝怀　连环画

《东吴招亲之刘玄德惊心进洞房》卜孝怀 连环画

《东吴招亲之吴国太佛寺看新郎》卜孝怀 连环画

李青萍

〔油画家〕

—李青萍 先生—

中国抽象画的女性先行者

李青萍

(1911–2004)

原名赵毓贞，又名李瑗

湖北荆州人，油画家

1931年考入武昌艺术专科学校。1932年到上海新华艺术专科学校学习。1937年在新华艺专研究生班攻读西画。同年应聘到吉隆坡“坤成女中”任艺术主任。1938年，因为“抗战募捐”中成绩显著，被授予《献金奖状》。1941年，受“南洋华侨总会”委托，协助徐悲鸿筹办画展。同年，由徐悲鸿作序、题写书名的《青萍画集》出版。1942年至1950年期间，先后在日本及中国武汉、上海、无锡、北京等地举办画展达50多次，并将画展收入全部捐赠给为抗战牺牲的烈士家属和灾民，她的善举得到以宋美龄先生为首的社会名流的支持。1951年调入人民美术出版社工作。适逢“肃反运动”，李青萍因厌倦政治学习而受到“左倾”路线影响，被遣送回原籍。之后的30年间，多次被关押。“文革”结束后平反，恢复公职，重返画坛。创作出一批让艺术界耳目一新的抽象泼彩画，在晚年艺术春天里为祖国现代艺术史作出贡献。任江陵县社会福利院荣誉院长、县政协副主席、湖北省政协委员。中国美术家协会会员。出版有《青萍画集》《青萍旅行日记》《李青萍画集》等。

一

李青萍，1911年11月16日生于湖北省江陵县荆州城赵家老宅。赵家是书香门第，自李青萍爷爷起开始衰落。父亲赵敬臣小时受过私塾教育，擅长琴棋书画。

赵敬臣是女儿学画的启蒙老师。幼年的李青萍喜欢大红、大绿的兜肚围脖，那种色块的强烈对比所营造出来的喜庆总是让她激动。李青萍就读荆南中学期间，迷上了出土的楚国文物。

1926年，她在徐向前夫人黄杰组织的江陵县第一个妇女协会做宣传员。1927年，李青萍参加中共发起“声讨蒋介石‘四一二’反革命政变”的群众集会，遭到通缉，加上国民党川军连长的逼婚，李青萍在家乡待不下去，女扮男装，只身逃往武汉，改名李瑗，就读于武昌女子职业学校，学习美工、刺绣、音乐，启蒙老师是戴敏奇。

1931年，李青萍考入武昌艺术专科学校美术教育系。李青萍第一次见到油画，马上被其表现手法征服了。李青萍临摹古代和中国现代水墨画家的作品，同时开始学习油画技法。唐义精校长曾断言她会成为一名真正的美术家。

1932年，经武昌艺术专科学校校长唐精义推荐，李青萍考入上海新华艺术专科学校图音系。李青萍在此接受印象派、后期印象派等现代主义的影响，并影响了她一生的创作风格。

1935年，李青萍从上海新华艺术专科学校毕业，她的作品受到徐悲鸿先生赞扬。不久，她任上海普爱中学、上海安徽中学音乐美术教师。

1937年，李青萍受马来西亚吉隆坡坤成女子中学聘请，做音乐美术教师、艺术主任、游艺部副主任。

她向印度泼彩图画师沙都那萨学习印度泼彩色画技法。沙都那萨的泼彩画是这样完成的：他把画纸铺在地上，约二十多平米，把多种颜料分别倒入椰壳内，连同椰汁搅拌均匀，然后将颜料往纸上一次次泼去，如此再三，再用笔分别在纸上勾补一番。

20 世纪 30 年代，李青萍（前排左二）在上海新华艺专西画研究班学习期间与同学们合影

李青萍（左一）在南洋任教时与学生们留影

这种作画方式影响了李青萍的一生。

1941 年，李青萍负责徐悲鸿先生举办的抗日筹赈义展。其间徐悲鸿先生为她作肖像画一幅，又取远离祖国浪迹萍踪之意将画册命名为《青萍画集》。从此李瑗改名李青萍。《青萍画集》(第一集)由新加坡南洋商报社出版，书名由徐悲鸿题签，扉页是徐悲鸿画的那幅李青萍油画肖像，接着是徐悲鸿书写的题词“艺术第一”和他撰写的序言。

1941 年底，太平洋战争爆发，南洋各国相继沦陷，坤成女子中学停课，李青萍决定回国。回国途中，李青萍所乘汽车遭日机轰炸，冲入了大海。附近泰国渔民将她救起，此时，李青萍已奄奄一息。由于泰日联盟，情急之中，同伴们谎称李青萍是汪精卫的家属，才进了医院。不想这一“谎称”，成为她一生的“罪证”。

1942 年，李青萍回到上海，但母校新华艺专已被日军炸得面目全非。李青萍回到故乡江陵。她曾先后在汉口画廊、工商联青年会等处办过画展，每次展出作品百余幅，每幅标价 100 元至 500 元，最高标到千元。

1948 年，受“中国福利协会”之邀赴香港为该会筹资举办义展，图为与宋庆龄先生的秘书沈蕙芙女士合影（左为李青萍）

20 世纪 40 年代，李青萍与友人在画展前留影

1942 年至 1950 年，这一段时间是李青萍创作的一个黄金时期。1943 年，李青萍先后在武汉、天津、北平等地举办画展，受到社会的高度关注。李青萍在北平举办画展期间，齐白石也参观了展览，他高度评价说："李青萍小姐画无女儿气。"

1943 年冬，应上海中日协会邀请，李青萍赴东京、大阪、横滨等地举办画展，被日本美术界誉为"中国画坛一娇娜"。

1946 年，上海"新生活俱乐部"举办画展期间，她因拒绝送画，被国民党上海警备司令部以"汉奸嫌疑"向上海高级法院提起公诉。她被关进提篮桥监狱九个月，后"查无实据，宣告无罪"，当庭放人。

二

1949 年，李青萍受郭沫若之邀，赴重庆与人民解放军"二野"的文工团团员一起，为庆祝西南解放举办义展。1950 年，她在武汉参加了由张振铎等 6 人发起的"庆祝五一国际劳动节画展"。

1986 年，平反后的李青萍在江陵社会福利院作画

国外游客慕名来看望在福利院的李青萍

20 世纪 50 年代初，梅兰芒、郑振铎、吴素秋、周信芳、马少波、李青萍到北京，在文化部任职 . 工作期间，常与徐悲鸿、田汉、郭沫若、沈雁冰、齐白石等人交往。还受周总理委托，赴故宫临摹“慈禧太后观戏楼”。

1951 年，李青萍从文化部调到人民美术出版社图片画册编辑室工作，负责审阅中外美术作品。

那时的李青萍一心画画，有时不打招呼，擅自下基层写生，让领导为难。当时，全国“肃反运动”刚刚开始，单位组织学习有关“肃反运动”的精神，李青萍公开表露出厌倦，她表示，“像这样成天关着我们学习讨论，太浪费时间了”！

1952 年，自由自在惯了的李青萍自己到苏北弟弟李先成工作的地方。人民美术出版社上报文化部，有关部门决定将她从苏北遣送回湖北江陵县，同年，江陵县公安局以“重大特务嫌疑”为由将她交群众管制两年。

因查无实据，江陵县委安排李青萍在文化馆临时工作，由民政科每月给她 20 元生活费。不久，李青萍找江陵县领导要求正式工作，又被以“现行破坏”为由遭逮捕，被判处有期徒刑五年。1956 年，江陵县人民法院重新审理，宣告教育释放。

重回文化馆上班，李青萍吸取了教训，很少说话。1957 年，全国开始学习“大鸣大放”,她还是沉默,然而她的沉默还是成为了“对整风运动麻木不仁”的“极右分子”，被送去劳动教养。1961 年，咸宁县委批准摘去其右派“帽子”，解除劳动教养。

1962年，李青萍回乡，没有收入，只好靠捡白菜帮子、萝卜叶维持生活。街道主任看李青萍可怜，安排她到街道瓦楞厂做临时工，一个月可以挣20元。李青萍有文化，她设计了一个模板，省工省料，工效成倍提高。工人们的收入差不多翻了一番，李青萍也获得了全厂最高报酬——月薪24元。但即便在那样的境况，她内心惦念的依然是画画。

1966年，江陵县公安局以“莫须有”的罪名为由再次拘留了李青萍，开她的批斗会。而站在台上挨批的李青萍还沉浸在美妙的幻想的创作世界里，手指在身后画着，脸上笑着，让批斗者们感到极度困惑。

李青萍没有钱，只好去捡垃圾，在她捡的废品下面，藏着一些大小不一的纸片和别人用剩的广告颜料。晚上，没有电灯，李青萍用捡来的广告颜料在煤油灯下，在马粪纸、瓦楞纸上练手笔。没有调色油，她就用煤油替代，这样简陋的条件也能画出她意外的效果。这段时间她的生活质量极为低劣，而她的精神生活也许是常人难以想象的愉悦。

1979年，她的“右派”问题得到平反，仍由江陵县民政局每月发放生活费20元。李青萍在水门汀卖水。1981年，李青萍向国务院侨办写信，要求恢复公职。1984年搬进福利院。江陵县委任命她为福利院名誉院长。

1986年，江陵县文化局在福利院会议室为李青萍举办了画展。这是一个历史上难得一见的画展，画框是李青萍和弟弟一起做的，粗陋低劣。在这间小小的会议室中，上上下下放满了她几百幅作品。展标也像“文革”的大字报标语。主管文化的领导看不懂她的作品，派人拿了一些作品到武汉，让美术家们鉴定。画家汤立曾在湖北美术家协会工作，他清楚地记得这件事，专家们看后大吃一惊，连连称赞。湖北美术家协会派鲁虹、聂干因等人赶到荆州，商议在武汉筹备李青萍的画展。同年7月，湖北省美术家协会等4家单位在武汉举办了“李青萍画展”，在海内外引起轰动。周韶华、杨立光、鲁慕迅、彭德、刘依闻、汤文选、严善錞等湖北美术学院、湖北画院的画家对李青萍的创新精神给予了高度评价。

1990年，北京举办亚运会，李青萍通过国务院侨办向亚运会捐赠了十幅新作。

《生的回声》　李青萍　油画

李青萍先后向上海美术馆、湖北美术馆、深圳关山月美术馆等单位捐赠画作共约四百余幅，其中大部分为手稿。

2004 年，93 岁的李青萍在荆州寓所去世。临终前，她对家人说："如果有来世，我还要画画。"

三

看到李青萍的画，几乎每个人都会被其强烈的色彩、不寻常的构图所震撼。我听到许多人说到李青萍，语音就会提高，不仅被她的作品深深打动，也为她的人生所感叹。

现在回头看，李青萍在 1952 年后，实际上是一个人孤独地在艺术道路上探索。

《富士山》李青萍　油画

《修行》李青萍　油画

尤其是社会的不公，让一个曾经见过大世面的女人几经沉浮。35 年来，她几乎在一个相对封闭的环境下进行创作。无人在她的创作过程中指指点点，她也看不到世界艺术的变化，在当今世界任何一个角落，李青萍可能都是一个唯一。她可以完全沉浸于绘画的想象世界中，用破旧的只要能找得到的纸板当作画布，用捡来的几乎一点点残余的颜料构思，甚至“奢侈”地泼彩。

《生的回声》作于 1982 年，是李青萍平反后的第一幅作品，粗壮的黄色笔触回旋激荡，象征生命的往复，一棵青年时的记忆——椰子树，直上云霄，这也许是她的自况吧。后来，李青萍解释说：“此画名为《生的回声》，是我平反恢复公职后的即兴之作。画中，我将过去与未来、世俗与宗教、现实与理想融为一体。橙黄色圆形象征太阳，地球与宇宙万物生灵在运转，椰树象征着我对南洋生活的深情眷念和我曲折而坚韧的一生。”

《婚礼》《表妹》强调意象的表达，浪漫的笔触中显示出极强的绘画功底。

《富士山》充分展示了画家对色彩的把握和独特的表达方式，即使同时代的年轻

《姊妹情》李青萍　油画

画家们也难以有此观念的突破。

还有那泼彩的作品，有浪漫的风景、蒙胧的人物和意象的花卉，她将东方的写意与西方的印象派巧妙地融为一体。

有些时候，总会遇到奇怪的事情：2014 年，李青萍的养女李美璧到人民美术出版社找我。谈起李青萍曾是人民美术出版社的职工，我疑惑，问人力资源部才知道确有其人，而这个名字明明在哪里听说过，却又想不起来。看到画册，忽然想起，若干年前，在湖北开会，会后参观湖北博物馆。就是那天从博物馆出来，看见一个建筑挂着一个画展的很大的招贴，恰恰是“李青萍画展”，其色彩带着一点忧郁。当时，我没有听说过这位画家，还想，这不是一位年轻的画家，而是艺术气质极强的画家。这似乎是冥冥之中的一种遥望吧。

人民美术出版社有两位终身未嫁、而在美术事业上有巨大成就的女画家，一位是中国工笔仕女画第一人——王叔晖，一位是在抽象画领域的先行者——李青萍。前者为大家所熟悉，后者因新中国成立后的政治运动所埋没，但李青萍的坚忍不拔、锲而不舍的艺术精神支持着她，35 年后终于迎来拨乱反正的时代。她创作出大量的作品，释放出迷人的能量，令人震撼！她独有的个性与绘画艺术的天分，在中国的绘画史上立有一席之地。

2003 年，归侨女画家李青萍与上海美术馆馆长李向阳、尚辉先生及法定继承人李美璧夫妇在家中合影

2014 年，人民美术出版社编辑出版《李青萍画集》，以示敬意。

《婚礼》 李青萍 油画

《渗融》李青萍 油画

《无题》李青萍　油画

力群

〔版画家、美术理论家、编辑家〕

— 力群 先生 —

新兴木刻运动的代表

力　群

(1912–2012)

原名郝丽春，山西灵石人

版画家、美术理论家、编辑家

1931 年，考入国立艺术专科学校。1933 年，与曹白等同学组织“木铃木刻研究会”，同年参加“中国左翼美术家联盟”。1936 年 10 月，在上海与江丰、新波等组织“第二回全国木刻流动展览会”，成立“上海木刻作者协会”。1937 年，参加“上海救亡演剧队第六队”。1938 年初，在郭沫若领导下的军委第三厅美术科任少校科员。1940 年初到延安，在鲁迅艺术文学院美术系任教员。1942 年，参加了延安文艺座谈会。1945 年，到晋绥边区工作，任文联美术部部长兼《晋绥人民画报》主编。1949 年，出席第一次全国文代会，当选中国文联委员、中华全国美术工作者协会常务理事。后到太原工作，任山西省文联副主任、山西省美术家协会主席。1953 年，调北京工作，任人民美术出版社副总编辑。1955 年，调任中国美术家协会书记处书记、《美术》月刊副主编、《版画》杂志主编。木刻《鲁迅像》被日本选入《世界美术全集》，套色木刻《太行山风景》《春夜》《瓜叶菊》等为中国美术馆收藏。出版有《力群木刻选》《力群版画选集》《力群美术论文集》《木刻讲座》等多种著作。曾任中国版画家协会副主席、中国版画家协会名誉主席、山西省文联名誉主席。享受政府特殊津贴。山西省委、省政府授予“人民艺术家”称号。2003 年，获得中国文化部造型艺术成就奖、“第二届中国美术金彩奖”成就奖。

一

力群，原名郝丽春，1912 年生于山西灵石郝家掌村。力群的二祖父是位农民画家，在家里挂着他画的梅兰竹菊。力群从小耳濡目染，喜爱上绘画，照着《芥子园画谱》画画，居然有人向他求画。

1927 年，力群考入了太原成成中学，图画老师曾经留学日本，他开始教力群写生。力群如饥似渴地学画画，还迷上了没见过面的丰子恺先生。他读过丰子恺翻译的《西洋画派十二讲》《西洋名画巡礼》等书。

1931 年，19 岁的力群准备报考美术学校。他中学同学的哥哥阎丽川（后来成为天津美术学院教授，美术史家）当时正在国立杭州艺术专科学校学画。阎丽川让同学郭乾德辅导力群。一个多月后，力群以优异的成绩考入国立杭州艺术专科学校，学习水彩和油画，曾师从潘天寿、李苦禅等名家先生。

1933 年，与曹白等同学组织成立“木铃木刻研究会”。杭州方言中，把傻瓜叫“阿木铃”，他们以此命名，表示自己的执著。第一本《木铃木展》画册中说：“以木造铃，明知是敲不响的东西，但在最低的限度上，我们希望它总有铮铮作巨鸣之一日。”同年，力群参加中国左翼美术家联盟，投身左翼文化运动。在《木铃木刻集》二集的《写在刊前》的序文中，他曾这样说：“许多人说，现在艺术家的任务，不是尽在色和形的抽象上面用工夫，重要的是使艺术的内容接近于大众，才是艺术自身的生命。不错，艺术的创作，是不能离开大众的。我们虽然尚未能把握到艺术的任务，可是对艺术的使命当尽我们的所能，来尽力经营。”这段话正是力群的艺术观点。

他创作的木刻《病》《拾垃圾的孩子们》等作品描述人民的苦难。不久，力群因为创作进步作品和另外两个同学一起被投入监狱，直到 1935 年才被放出来。

出狱不久，力群去了上海。在上海期间，他创作了木刻《三个受难的青年》。回到太原，他又创作了《采叶》《流民》等作品，并托同学曹白寄给鲁迅先生，先生看

《流民》力群 版画

后非常赞赏。

1936年10月,力群与江丰、野夫、新波等人组织了“第二回全国木刻流动展览会”。1936年10月，鲁迅逝世，力群与曹白一起为鲁迅画遗像。11月，与江丰、野夫、新波等人一起组织上海木刻作者协会。

1937年，抗日战争全面爆发。当时在上海柯达公司任职的力群参加由戏剧家李实领导的“上海救亡演剧队第六队”,到浙江嘉兴、吴兴一带,积极投身到抗日宣传工作中。

1938年，力群在武汉国民政府军事委员会政治部郭沫若领导下的第三厅艺术处美术科工作，发起成立“中华全国木刻界抗敌协会”。力群任主席，并负责出版《抗战木刻选集》《全国木刻选集》。

同年，力群参加“抗敌演剧队第三队”，赴陕西、山西抗战前线演出。1939年，他受邀赴陕西宜川第二战区“民族革命艺术院”，任美术系主任。

1941 年在延安“鲁艺”。后排右起许可、力群、蔡若虹、马达、华君武、王式廓。前排右起吴咸、陈布文

1952 年在太原时的力群一家人合影

《饮》力群 版画

1940 年，力群辗转来到延安，在鲁迅艺术文学院美术系任教员。

力群在延安时期，创作了《听报告》《帮助抗属锄草》《伐木》《丰衣足食图》《帮助群众修理纺车》等大量木刻作品，反映了延安人民用自己的双手创造新生活的情景。《送马》则表现晋绥边区军民同心协力进行抗战的场面。此时，他还创作了代表作《饮》。

1941 年，"鲁艺"成立了文艺俱乐部，华君武在俱乐部负责美术工作，在他的努力下，力群举办了个人木刻作品展览会，展出力群各个时期的作品二三十幅。诗人艾青观看了当时的展览会，在《解放日报》上发表文章，赞扬力群说："这许多新作很明显地是作者在探求新的道路的一些可贵的努力。它们截然地表明了和他的旧作之间的一些差异。这些差异不只是表现手法上的差异，却也是创作意欲上的差异，这些差异使他的新作成了艺术创作路程上的一个主要的迈进。"同年，力群加入中国共产党。1942 年，他参加了延安文艺座谈会。

力群在延安生活了 6 年。抗战胜利后，1945 年 11 月，他携带妻儿来到晋绥边区，担任《晋绥人民画报》主编。1949 年，他出席了第一届全国文代会，并被选为主席团成员、中国文联委员。当年冬天调入太原，筹建山西省文联，担任副主任，创办《山西画报》并任主编。

1953 年，力群调入人民美术出版社，任副总编辑。1955 年夏，力群调任中国美术家协会党组成员、常务理事、书记处书记，同时还兼任《美术》杂志副主编、《版画》杂志主编等职。1966 年，他和夫人一起调到山西，在文联工作。"文革"开始后，力群要求回老家当农民。1970 年，力群回到了灵石县郝家掌村老家，他带领农民在山间种树，七年中，和群众一共种了 1 万多株杨树。1977 年，力群平反，调到太原担任山西画院院长。

《百合花》力群

二

1953年，力群调入人民美术出版社，任副总编辑，同年，他的夫人杜萍也调到人民美术出版社资料室工作。

力群做事情非常认真，一丝不苟，这从他的木刻就可以看出。第一次做编辑工作，业务不熟悉，所以他的审稿速度很慢，加上当年人民美术出版社的文字编辑素质并不很高，萨空了就曾说过这个问题，因此，力群要做许多文案编辑的工作。今天我们回看1953年到1955年间人民美术出版社的出版物，质量还是很高的，这应该与包括力群在内的许多老一辈编辑的工作分不开。但他经常是书稿摞了一堆，看不过来。当时，

1961 年力群在地头写生

力群的兴趣点还在创作上面。一次，邵宇让他带队下乡体验生活，他很感激邵宇。后来，他对介绍他到人民美术出版社的王朝闻说，他每天只能看很少的文字量，做不了编辑。王朝闻听后，表示理解。

1955 年夏，力群调任中国美术家协会党组成员、常务理事、书记处书记、《美术》杂志副主编、《版画》杂志主编等职。力群在《我的艺术生涯》"结束语"中说："我这一生，随着祖国的命运，真是灾难重重，算很不幸的；但又是很幸福的，因为前无古人，后无来者，能像我们这一代人所经历了的如此坎坷复杂的社会生活。"

虽然他离开了人民美术出版社，但在这之后不久，他编写了一些关于木刻的书。1956 年，他编写的《日本木刻选集》由人民美术出版社出版。1956 年起，他在《连环画报》上逐期发表《木刻讲座》，后结集出版。1957 年、1958 年又编了《新木刻画选》《德意志民主共和国版画选集》《第二届全国版画展览会作品选集》。他写了 25 篇有关美术的文章，1958 年在人民美术出版社结集出版了《力群美术论文选集》。1959 年出

《到田间去》力群 版画

版了《苏联名画欣赏》。这应该是他渐渐熟悉编辑出版业务之后的一种厚积薄发吧。

1980 年，力群在北京举办“力群版画展览”，诗人艾青再一次参观展览，并在《人民日报》发表文章：“这次所展出的作品，题材更多样了，接触的生活面也更宽了，在形式上也更多地吸收我国民族和民间美术传统的表现方法，已逐渐地形成了简洁、明快、富有抒情色彩的风格。而这也正是我在多年前所赞赏他的艺术中的装饰美。”

力群的木刻创作内容逐渐清新抒情，如《百合花》《瓜叶菊》《山葡萄》《石竹花》《林间》等，艾青说：“看了他的这些作品，像读一首首抒情的小诗，给人以清新的感觉。”

《林间》力群　版画

三

鲁迅是中国现代版画家的引路人，他自己大量收藏世界著名版画，并引导青年木刻家拿起刻刀，以刀为笔，创作反映民间疾苦、揭露社会黑暗的作品。力群是鲁迅的崇拜者，他多次通过同学曹白给鲁迅画像和写信，受到鲁迅的关注。《鲁迅像》是力群寄给鲁迅的，发表在上海《作家》月刊上。《鲁迅像》按照鲁迅的照片创作，这幅作品后来被日本选入他们的《世界美术全集》。

《初春》力群　版画

《夏风》力群 版画

《日寇武装走私》力群 版画

但他第一次见到鲁迅，竟是给鲁迅画遗像。

1936 年 10 月 19 日，鲁迅逝世。力群和同学曹白去给鲁迅画遗像。力群回忆说：“一床被子覆盖着他（鲁迅）安详的遗体。过去从照片上看到的他那‘横眉冷对千夫指’的锐利目光，现在掩盖在深闭的眼帘之下，那熟悉的浓重的黑胡须增添了消瘦了的面容的慈祥感。”力群“含着眼泪用颤抖的手画了 4 幅鲁迅先生遗容的速写”。

当日的上海各报除了以显著的位置报道了鲁迅去世的新闻外，也报道了“木刻家力群赶往画像”的消息，许多报纸转载了力群发表在《作家》月刊上的《鲁迅像》。

《饮》是力群版画另一幅代表作。《饮》所表现的是延安农民劳动间歇中饮水的瞬间，主要刻画了农民双手抱着瓦罐仰脖喝水的动作。画面中农民肌肉饱满，充满动势的美，是一幅颇具象征意味的作品。著名版画家黄永玉评价说："那手，像西斯廷天顶上《创世记》那两只接应的手令人难忘。"这幅作品后来被英国博物馆收藏。

《林间》创作于1980年，是力群晚年木刻创作的一个高峰。他是用一把圆口刀完成的，以老道的技法经营画面，以娴熟的刀法表现两只跃起的松鼠，其生动喜悦跃然纸上，尤其是松鼠那松软肥大的尾巴给人很强的愉悦感。松鼠是力群喜爱的小动物，他在家里养了松鼠，常常观察松鼠的动态。据说，当他作草图时，还征求了小女儿的意见。《林间》展出后，引起读者的共鸣，获得广泛好评。

2011年，人民美术出版社60周年庆典，在中国美术馆举办了5个展览，其中有人民美术出版社职工书画展。我们邀请人民美术出版社的退休老艺术家，包括曾在人民美术出版社工作过的艺术家参展，力群先生也是被邀请的重点对象之一。力群先生提供的作品正是《林间》。我让编辑捎话给他，可不可以将这幅作品捐给人民美术出版社，老人家欣然答应。那年8月，《林间》如期在中国美术馆展出，让许多观众流连忘返。年底，我去他在昌平的家里看望他，他已经99岁了，但头脑清楚，对当年在人民美术出版社的工作记忆犹新，讲了许多当年的故事。他还说，当年，做事情过于认真，每天看不了多少稿子，为此，常常积压了许多稿子。后来，王朝闻得知后，说看不了稿子，怎么能在出版社工作，于是将他调到中国美术家协会。

力群的版画作品不仅在中国新兴木刻版画的潮流中独树一帜，同时也受到了世界的关注。套色木刻《黎明》现陈列于英国美术陈列馆，《瓜叶菊》存于塞尔维亚的博物馆，《林间》被法国国立图书馆收藏。他的木刻作品曾先后在苏联、法国、美国等多个国家展出。因为力群在版画事业上的贡献，1988年，"日中艺术交流中心"向他颁发"贡献金奖"。1991年，中国美术家协会、中国版画家协会向他颁发了"中国新兴版画杰出贡献奖"。1992年山西省委、省政府授予力群"人民艺术家"的光荣称号。2003年，中国文联和中国美术家协会向其颁发"金彩奖成就奖"，中国文化部授予力群"造型艺术成就奖"。

《春夜》力群 版画

《春风》力群 版画

《春到山区》力群 版画

张

路

〔版画家、连环画家〕

——张路 先生——

北大荒版画的开拓者

张路

（1919–1977）

原名张学廉，浙江省绍兴上虞人

版画家、连环画家

1943 年至 1947 年曾就读于杭州英士大学艺术专修科和国立杭州艺术专科学校西画科，跟随潘天寿、倪贻德、谢海燕等先生学习。他在上海做过中学教员和报纸编辑，发表过连环画和剪纸等作品。1950 年调入北京。1951 年，参与《连环画报》的创刊和编辑工作，后任人民美术出版社连环画编辑室编辑，创作了大量连环画作品，同时开始从事木刻艺术工作。1956 年，黑白木刻《青蛙绅士》参加第二届全国版画展览。1957 年，被错划为“右派”。1958 年，下放到黑龙江垦区劳动，又从农场抽调到牡丹江农垦局北大荒画报社参加美术创作活动，成为“北大荒版画”的开拓者之一。1962 年，调入中国美术家协会黑龙江分会任创作员。仅 1973 年至 1977 年，他创作了大约一百多幅黑白木刻和近五十幅中国画作品。部分作品收入《张路木刻集》《张路的黑白世界》。

一

张路，原名张学廉，1919 年出生于浙江省上虞市一个富裕家庭。父亲办私塾，任校长，张学廉就在父亲的学校里读书。他不喜欢算术，喜欢音乐和绘画。1937 年，他在浙江省上虞市中山小学任教，教音乐。

1943 年 10 月，张学廉考入杭州国立英士大学艺术专修科进行学习，跟随潘天寿、倪贻德、谢海燕等先生学习美术。国立英士大学原为浙江战时大学，后为纪念辛亥革命先烈陈英士，改称浙江省立英士大学，1943 年改称为国立英士大学。新中国成立后，英士大学部分科系并入复旦大学，其余师生部分转入浙江大学。

1945 年，国立英士大学艺术专修科举办成绩画展，西画部分主要有张学廉、陈沙兵、张怀江三人的作品。张学廉力求简约的画风受到老师的赞赏。同年，国民政府调整国立院校，国立英士大学艺术专修科停办，张学廉只好从学校肄业。

1946 年，张学廉在上海以画广告画为生，为继续深造筹集资金。同年，他考入国立杭州艺术专科学校西画科学习。1947 年，因个人原因肄业。先后在几所中学任教，还曾在国民政府的警察学校教过音乐，这也是他日后的一个“历史问题”。1949 年，张学廉回到浙江，在绍兴中学教授美术。

二

1950 年，张学廉到北京，改名张路，在北京新华书店总管理处美术室做设计员，他的领导是后来成为人民美术出版社副社长、副总编辑的邹雅。期间，他创作了《拥护和平》《建设新中国》《志愿参军》《拖拉机》等一批全新内容的剪纸作品。

1951 年 1 月，张路调入人民美术出版社筹备组，参与筹备《连环画报》的创刊。

1951 年 5 月，第 1 期《连环画报》面世，邹雅任主编，张路等任编辑，张路的剪纸作品《红公鸡》发表在《连环画报》创刊号上。

在《连环画报》工作期间，张路创作并发表了大量作品，既有剪纸，也有连环画，一些作品刊登在期刊封面或封底。如《全世界人民要和平》作为封面发表在《连环画报》第 7 期；《天安门的早晨》作为封面发表在《连环画报》第 25 期；连环画《宋春化改进造纸机》发表在《连环画报》第 8 期；根据《无名英雄墓》改编并绘制的连环画《米夏》共 39 幅，发表在《连环画报》第 69 期。

1954 年，张路参与绘制人民美术出版社发行的 1955 年《美术日记》中的插图。这本看似平常的笔记本，是当年的“奢侈品”，许多画家都保留着它。2014 年，人民美术出版社再次出版《美术日记》，保持原来的样貌，依然受到读者的青睐。

张路的画路比较全面，不仅画连环画，还画低幼连环画，《狐狸搬家》《胖嫂回娘家》是他的代表作，先后发表在《连环画报》上。

1956 年，张路的木刻作品《青蛙绅士》系列（共三件）参加第二届全国版画展览会，木刻作品《西游记》发表在《版画》杂志第 5 期并做封面。改编的木刻连环画《悟空怒打白骨精，八戒智激美猴王》发表在《连环画报》第 16 期。木刻《猴子捡西瓜》发表在《人民日报》。这之后，陆续创作《采茶女》《采茶》《给妈妈帮忙》《青蛙与牛》等木刻作品。这些成功的木刻作品为他日后在北大荒时期的木刻创作奠定了良好的基础。

1957 年，张路错被划为“右派”分子，艺术创作被迫中止。

三

1958 年，张路下放到黑龙江垦区农场劳动。时任《北大荒画报》负责人张作良回忆说：“30 年前的北大荒，还是荒无人烟的地方。张路一到这里，就加入了垦荒的行列，

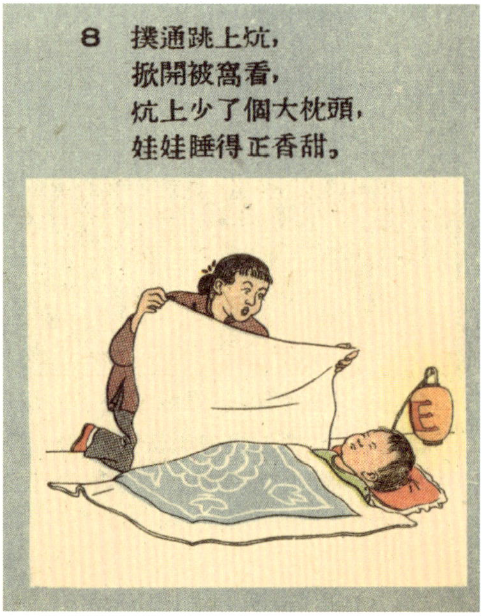

《胖婶回娘家》张路　连环画

《给妈妈帮忙》张路　黑白木刻
1957 年发表于《人民日报》

拉犁、播豆、伐木……住在临时搭的马架子里，为了照顾体弱和有病的同志，他总是睡在大通铺上靠近门口的地方，早晨起来，从门缝灌进的雪把鞋都掩埋了。他以自己的辛勤劳作和一颗温热豁达的心，赢得了周围人们的尊敬和友情。”

1957 年底，张路因绘画才能被抽调到牡丹江农垦局北大荒画报社，参加垦区美展的创作活动。《北大荒画报》创刊于 1959 年 3 月，负责人是爱才的张作良，他陆续从“右派队”调来张路、尹瘦石等。由于自然灾害，资金匮乏，该画报仅出版一期就停刊了。但它反映了十万转业官兵开发北大荒的英雄业绩，培养和团结了一大批垦区的美术工作者。

张作良回忆说：“1959 年秋，有一天有人贴出了一张‘张作良你想干什么’的大字报。这一下子我好紧张，同志们也都乱了营，整个画报社热烈的创作气氛一下子被打下去了，个个噤若寒蝉……正在这四顾无援的当儿，有天晚上，我正在凄冷荒凉的郊外散步，张路避开众人耳目，偷偷对我说：‘我们大家画画反映垦区建设事业，当然没有错，关键是我们这些有尾巴的人，给你惹了麻烦。我想，两全的办法是干脆遣散我们。’

我当然不会这样做，但我却（被他的话）深深地感动了。”

1960 年，张路与垦区美术工作者晁楣、张祯麒、徐介城、张钦若等人赴哈尔滨，为北方大厦创作了一批反映垦区题材的作品。这批作品参加了由中国美术家协会、牡丹江农垦局政治部联合主办的“北大荒美术作品展览”，在北京展出，张路创作的《满网》等 14 幅作品参展。

这段时期，张路创作了大量的木刻作品。如套色木刻《小猪养护员》《洗衣》《小蘑菇》《高粱熟了》《伐木队来了小客人》《晨曦》等作品，还有黑白木刻《乡村的春天》《鸭子》《公鸡和母鸡》《母鸡孵蛋》等作品。

1962 年北大荒版画主要成员 7 人（张作良、张路（左四）等）调入美协黑龙江分会与时任省美协主席程甲锐合影

1961 年，辽宁美术出版社发行张路创作的套色木刻作品《东方红》。同年 8 月，《早春》《雨后》《见缝插针》等 12 幅作品参加中国美术家协会、牡丹江农垦局联合主办的“牡丹江垦区版画展”。《见缝插针》等 6 幅作品被中国美术馆收藏。朵云轩出版了套色木刻作品《虹》。

1962 年，由中国美术家协会组织，张路与晁楣、张祯麒、杜鸿年等人到新疆写生。在新疆期间，张路广泛搜集素材，创作了《颂歌》《花帽市场》等作品。同年，张路调入中国美术家协会黑龙江分会创作室，任专职创作员。

1963 年年底，由中国美术家协会主办的“第五届全国版画展览”同时在北京、上

《见缝插针》 张路 套色木刻

1964 年张路与家人合影

海、广州、重庆开幕，张路创作的《公社新村》（套色木刻）、《父女俩》参加展览。

1965年，张路随省美术家协会一批版画工作者赴大兴安岭铁道兵部队深入生活，并组织辅导美术学习班，至次年8月结束。创作了《民兵考核》《新苗》《进得去、出不来》等套色木刻作品。

同是“右派”难友的黄苗子在《张路木刻集》序言中说到：“他爱上了北大荒，他那时并不是以一个艺术家身份到那儿的，可是他毫无怨言，就是由于祖国瑰丽的大自然使他陶醉，使他忘记了自己的一切。”

从1962年到“文革”前，也许是张路最愉快、创作欲望最强的一段时光，他在东北重新找到了爱巢。让他重新任创作员，实际上是对他在政治上给予了一定的承认。短短的四年里，不少高质量的文学作品插图和套色版画相继从他笔下问世。

四

1966年，“文革”爆发，张路被定为“黑帮分子”，艺术创作再次被迫停止。1969年，张路被下放到哈尔滨阿城县舍利公社农村插队落户。

黄苗子在回忆文章中说：“张路从如痴如醉的创作生活中被‘动乱’中断了近十年的艺术行动！‘黑帮的生活和不平等待遇把他的创作权利剥夺殆尽’，别人不屑做的、被鄙视受侮辱的苦差——刷大标语，画大牌匾，以及数不清的琐碎杂务，由他默默承担起来。他有时苦着脸说：‘你们是有福的，是创作员，而我是待命分配的黑帮，连领（创作）材料的资格也没有。’”

张路的夫人林永惠回忆他的生活时说：“尽管当时的生活条件是那样艰苦，心情又很压抑，但他总是把老乡们的冷暖疾苦放在心上。这三年期间，他几次帮助社员联系上市里看病、住院。对特别困难的，就接到我们家里来住。当时生产队的老乡们收入很少，他经常用自己的钱和粮票接济他们。劳动之余还经常帮助会计结账，给生产队会议室画宣传画和写美术字，给邻居的孩子辅导功课……他用自己的实际行动，赢得了老乡们对他的信任和爱戴，整个生产队一提起省美协的老张，没有不伸大拇指的。”

阿城县文化馆的领导，听说省里的一位版画家在下边插队落户，就专程来生产队请张路给他们讲课，办版画训练班。县城离生产队有三十多里路，张路经常步行去给他们辅导、讲课，指导学员进行版画创作。经过三年多的辛勤培育，学员的作品多次参加省和全国的美术展览并获奖，数名同志被吸收为省美术家协会会员。

1973年，张路结束为期三年的插队生活，从阿城农村回到哈尔滨家中。在自由被禁锢的几年间，他创作了近百幅版画小品和中国画作品。其中包括黑白木刻《硕果累累》《猎雁者》《猪仔》《牛犊》《五朵花》《秋收》《锦鸡》《鸬鹚》，套色木刻《鹿坊鸣笛》《海燕》《火红的乡村》等，中国画作品《夏荷》《觅》《憩》《邻家小咪》《天鹅》《洛阳纸贵》《鸡雏》《早春三月》等。

1977年，就在“四人帮”倒台，艺术的春天来临之际，张路突然发病倒下。在生命的最后时刻，他对妻子一遍一遍地说：“只要再给我两年时间……”他带着对艺术的无限眷恋，离开了人世，年仅58岁。第二年，国家落实政策，张路被错划“右派”得到纠正。

五

张路的艺术成就主要表现在连环画、版画，还有中国画等方面。

20世纪50年代初，张路在人民美术出版社工作期间，主要从事连环画的创作，更多的是在《连环画报》上发表作品。1955年发表在《连环画报》的作品《警惕》，只有8幅，但通过他熟练的表现手法，还是准确地把握了角色的特点。比如孙玉兰，

《警惕》张路　连环画

不仅警惕性高，而且机智灵活。特务张万禄的形象也没有按脸谱化处理，而是以普通人的面目画出来的。第四幅、第五幅表现张万禄偷偷写字条时，怕被人知道，张路设计了将一张纸遮住半个灯泡的细节。这个细节生动真实，让阅读者强烈感受到故事的真实性。

在人民美术出版社工作期间，张路不仅画了许多传统连环画，还对低幼连环画有兴趣，画过《狐狸搬家》《胖嫂回娘家》等少儿读物。

我对他的《胖嫂回娘家》印象深刻。这篇作品最初发表在 1955 年的《连环画报》上，后来在人民美术出版社出版过“小折页”。“小折页”非常小，大概是 128 开，每个故事大约 8 幅，出版于 60 年代初。我小时候看过这套“小折页”，爱不释手。这套系列“丛书”中，唯有《胖嫂回娘家》故事幽默风趣。张路画得造型准确，画面简洁，让人印象深刻。

张路一生的艺术创作中，成就最高的当属版画。

日本美术评论家小野田耕三郎评价张路作品时说：“无论在《放鹿场》还是《鸭雏》中，作者并没有机械地照搬自然形象，而是经过自己头脑的再创造，给自然形象以新的、生动的表现。这是由于作者有着卓越的造型能力才能达到的高度。另外，作者融合了剪纸的特点，同时又使其特点得到一种新的面貌。尽管木刻和剪纸使用的材料、工具以及制作方法都不相同，然而它们不是没有可以互相融合的因素。同时剪纸本来就是中国农村妇女创造出来的艺术形式。巧妙地利用它的特点，对版画创作是大有益处的。”

在张路的刻刀下，我们发现，似乎缺少“大跃进”时代的大场面，更多是大森林和北大荒的小动物们。其实，张路早在人民美术出版社工作时期就喜欢动物创作。到了北大荒，他厌恶人与人之间不断的争斗，北大荒的苍凉之美感动着他。他的木刻作品，动物题材偏多，也表现北大荒的花花草草，与大家的视野不同。在张路的内心里，

《奔跑的小鹿》张路　黑白木刻

《鸭雏》张路　黑白木刻

看不见阶级斗争，在他的雕刻刀下，大自然所赋予的一切都是美好的，不论是山川草木，还是牛羊鸡鸭，都是在阳光下。这些景象就是他内心的童话世界，也是他的理想国。他真实地挥洒着对大自然的热爱。黄苗子说，张路心地善良，“他跟羔羊和小鹿一样，爱用天真的眼光去欣赏美……他爱上了北大荒”。

美是相通的。张路创作的版画被大家认同，尤其他良好的绘画基础和高超的绘画技巧，使他成为创作集体的核心人物。

张作良说：“北大荒版画集群的主要特点，就是开创了大型多层次套色，色调浓重浑厚，刀法雄健奔放。这种艺术形式完全是源于那片土地上大型农业机械作业和开垦荒原的宏伟气魄。张路在这个集群里，恰恰是一位独具风格和艺术个性的版画家。他另辟蹊径，走自己的路，用纯真稚趣的眼光欣赏大自然，追求那种内在的美的韵味。他的众多的套色木刻和黑白木刻，都是巧妙地利用中国传统绘画表现形式，强调神似和装饰趣味，大胆采用变形、夸张、集中、概括的艺术处理方法，把生活中的美和情趣凝聚在小小的画幅之内。由此，张路的版画在北大荒版画中，确定了其独特的地位。”

张路的木刻，不论是黑白木刻，还是套色木刻，都有鲜明的个人风格特征。黑白木刻《晾粮》着意表现下面的粮垛与上面树的黑白呼应与反差，富有创意美;《长鼓舞》运用舞蹈者的裙身和鼓的形状的对比，生动有趣；《奔跑的小鹿》突出了小鹿奔跑的动感;《雉鸡》则采用非常规的构图，强化雉鸡美丽的羽毛。套色木刻《猎人夜宿》《晨曦》着意强烈的黑白对比；《鸭雏》《小鸭》利用拓印的微妙，达到意外效果；《颂歌》线条粗犷有力，色彩单纯，表现新疆维吾尔族人们热爱音乐的场景。

《见缝插针》表现生活在北大荒的人们在山坡上种地，由于平地较少，他们见缝插针，利用各种地形种植，表现北大荒人积极开垦荒地，努力为国家多种粮食的精神。有趣的是，张作良回忆说：“在北大荒反右倾运动中，一次批判会，张路竟在群众席上角落里睡着了。熟睡时，他的手触到旁边的炉壁上，不禁惊叫一声，于是四座哗然，闹了很大的笑话。可见，他采取的态度是你斗你的，我搞我的，白天你斗，晚上我干。

张路的著名代表作之一《见缝插针》就是他当时状态很好的写照。”

黑白木刻《蛙》创作于1976年。此时的张路思想开放，与前些年木刻创作思路不同，他开始注重装饰风格。蛙是真实再现写实，而几片荷叶则夸张变形，强调装饰性。写实的蛙与装饰风格的荷遥相呼应，有着特别的美感和视觉冲击力。

套色木刻《小蘑菇》大约创作于1960年，是我喜爱的一幅作品。这幅作品并不复杂，但充分展示了张路在创作中的思考与实践，是一幅别具一格的木刻作品。画面上是一个小姑娘采回小蘑菇的特写：她脸上洋溢着收获的喜悦，嘴里叼着一朵黄色的萱花，手边的筐里放满了采来的小蘑菇。尤为精彩的是，张路注意拓印时的变化，将本来黑白分明的木刻油印效果处理成多种灰调，使物体的质感更加真实。小姑娘脸上的红晕自然生动，头发与衣服的灰调子过渡协调，充分显示了作者对色彩的把握能力和对木刻艺术的深刻理解。

六

在2014年全国美术家代表大会上，黑龙江美协秘书长赵丹琪找到我，她告诉我，有个叫张路的画家，曾在人民美术出版社工作过。随着对张路的了解日渐增多，2014年底我想试着写写张路，于是与赵丹琪联系，她发给我一些电子文件。

赵丹琪是张路的女儿，确切地说，张路是赵丹琪的继父。张路一生不仅在政治上多难，生活上也一样坎坷。被打成“右派”后，1962年，张路再次离婚。在哈尔滨他重组家庭。那时，赵丹琪很小，一直拒绝接受张路，但张路一直视她为己出，当作独生女儿，百般呵护。小丹琪胃不好，张路想方设法调剂饮食；她喜欢手风琴，张路毫不犹豫地用自己多年的积蓄为她买了一架。但赵丹琪多年来固执地只叫他为“叔叔”。

赵丹琪从心底接纳张路，是在1977年的夏天。“文革”后的全国美展在京举办，

《颂歌》张路　套色木刻

《小蘑菇》张路　套色木刻

22 岁的赵丹琪同张路一同到北京参观美展。妈妈说："这次出门，管你继父不要再叫叔叔了，叫爸爸。同行那么多人，别让人笑话。"赵丹琪试着叫了一声："爸爸！"她看见了张路的眼泪！

看到这段回忆，我的眼泪也差点出来。也正是看这行文字时，赵丹琪打进一个电话。我以为，人生中，"这一刻"总是让人记忆深刻！

张路这次进京，拜访了许多老画家、老朋友。他有着良好的教育背景，有着与别人不一样的生活阅历，他是准备在美术界大展宏图的！然而，好日子刚刚开了个头，从北京回去十几天，他却突然辞世。

为了写张路的艺术小传，我走访了一些人民美术出版社的老领导，也翻看了 50 年代出版的每一期《连环画报》，看着他创作的那些连环画故事，我感慨万千。张路离开人民美术出版社，是人民美术出版社的损失；他去了北大荒，是北大荒的幸运。他创作的版画艺术在黑土地获得了新生，他成为北大荒版画的开拓者和领路者。

林
锴

〔画家、书法家、诗人、篆刻家〕

林锴 先生

诗书画印四能——林锴

林锴

(1924–2006)

福州人，画家、书法家、诗人、篆刻家

1950 年毕业于国立艺术专科学校。1951 年入人民美术出版社工作。初从事连环画创作，后专攻中国画，兼及书法、篆刻与古诗文。1994 年 7 月，被聘任为中央文史研究馆馆员。中国美术家协会会员，中国书法家协会会员，中华诗词学会会员，中国民主促进会会员。国家一级画师。出版有《林锴书画》《墨花集》及《林锴书画集》（台湾版），诗集《苔纹集》等。

一

林锴的曾祖父是林雨藩，原籍河南。林雨藩是个孤儿，靠百家饭长大，后考中进士，官至江西学政。晚年寓居福州三坊七巷杨桥巷北边的总督府后。清末民初，他辞官办学馆，因自小贫穷，知道读书不易，对一些穷人家的孩子求学不收费。

林锴父亲林达文在北京海军机构做秘书，20 多岁时死于伤寒。林锴当时只有 6 岁，随母亲寄居在舅舅家。

林锴自幼就喜欢画画，但家里没有这个环境，长辈中亦无擅画者。他那时正念小学，邻居有个高中生会画画。受高中生的影响，林锴到户外画水彩。画中国画就买点宣纸在家里画。那时一张宣纸二十几个铜板，每天家长只给三个铜板的零花钱，他把三个铜板攒下来，攒一段时间才能买一张纸。他喜欢画大画，一张宣纸几笔下来就没了，画完之后很后悔，为什么不裁小一点呢？但是下回再画的时候还是画大的。

林锴高中毕业后考入福建省师范专科学校的艺术科，受业于谢投八、林子白诸老师，学画才算步入正轨。他对中西画都具有浓厚的兴趣，学习很认真，又时常去拜访福州老画家陈子奋，陈老诗书画印兼擅，颇受其教益。在师范里，中国画、西画、图案、金工、木工都学，他不喜欢这样，就想报考国立杭州艺术专科学校。

1947 年，林锴去报考国立艺专，当时艺专分四个科：国画、西画、图案、雕塑。考试的难度较大，但他如愿考取国画科。

第一年学基础课；第二年由黄宾虹、潘天寿、吴茀之、诸乐三、郑午昌几位大师授课；第三年新中国成立了，他们都改画了西画。当时基本上没人画中国画了，因为画中国画在社会上没有位置。画西画需要经常下乡体验生活——这也是不错的，转变了他们的世界观和人生观，而且学习到了一些其他的知识，对以后的中国画创作也是一个很好的补充。

当时国画科分两个教室，一个是山水教室，一个是花鸟教室。林锴当时学山水，

林锴与本书作者林阳在家中，林锴为林阳演示如何作画

每周有四个上午学山水，另外两个上午学花鸟，因为山水画中也需要花鸟的内容。学花鸟的开课和学山水的开课正好相反，是两个上午学山水，四个上午学花鸟。这六天的课要由这几位老师轮流上，吴茀之、诸乐三教花鸟，黄宾虹、郑午昌教山水，潘天寿是山水花鸟都教。

林锴主攻山水专业。开始临摹古法，以“元四家”、“明四家”、“清四王”为主攻方向，重在娴熟古人的笔墨变化；旁及“四僧”、“八怪”，旨在领会其奇情逸趣；也兼向近现代吴昌硕、齐白石、黄宾虹、潘天寿诸家的作品中汲取营养。他感到传统方法太陈旧，要加以改进，就必须汲取其他画种的长处，因此课余常常跟随西画教室的同学外出作西画写生。每周除专业技法外，还设有书法、篆刻、诗学、美术史及各门理论课。因自幼练过颜真卿、柳公权、苏东坡等人的字帖，所以书法有点基础。他开始迷恋赵之谦，继而学习魏碑。学魏碑先学《张猛龙碑》方笔，进而爱好《嵩高灵庙碑》、大小爨；圆笔则喜《石门铭》《瘗鹤铭》，取其拙朴古厚之神味。对篆刻的兴趣也始于此。他曾把积攒下的一百多首旧体诗送请潘天寿先生批改，受到先生的赞扬和鼓励。

1950 年，林锴从杭州艺专毕业之后，服从分配，到当时的辽西省康平县当中学美术教师。那个地方连电灯都没有，他在那里的一所初中教了一年美术，冬天风沙极大，厉害的时候，人走不动，沙粒打到脸上很疼。他感到生活很不习惯，想回到南方去。暑假时，他离开康平，想在北京逗留几天再回福州。他原来的校长江丰时任中央美术学院院长。那时新中国刚刚成立，到处都缺人才，江丰将他推荐到人民美术出版社。

二

1951 年，林锴进入人民美术出版社，任创作室专职画家。这个创作室萃聚了当代著名的人物画家，像徐燕孙、刘继卣、王叔晖、任率英等人。林锴以美术创作为主，也做一部分编辑工作。由于受过院校的绘画训练，他的绘画很快脱颖而出。他创作了大量连环画、年画、插图、宣传画，重点是连环画。1954 年在《连环画报》上刊载的连环画《妇女主任》，是林锴早期的一部重要作品。由于林锴有较强的写实能力，在很短的时间内完成工作，创造的主要人物形象准确生动，被认为是刻画人物性格比较成功的一部作品。1955 年，他又创作了《翠岗红旗》《界碑》等较有影响的作品。

1957 年，林锴创作了彩墨连环画《三岔口》。《三岔口》是著名的京剧，为了创作这套连环画，林锴反复观摩京剧，体会艺术的相通之处。他晚上天天打太极拳，揣摩人物打斗的动作、形态。彩墨连环画《三岔口》（24 开、48 开两种开本）以工笔、写意相结合的笔法，将惊险的武打故事用彩墨画再现出来，打斗场面用淡淡的墨色来烘

1954 年林锴创作的《妇女主任》在《连环画报》上发表

《三岔口》林锴 连环画

托人物，具有相当高的艺术水平。以彩墨画形式表现连环画，这在当时是一种成功的探索，在连环画界产生一定的影响。

1957 年，林锴下放到江苏高邮劳动。劳动之余，参加创办高邮、扬州两地艺校，培养当地的文化馆美术骨干。

当代著名画家、当年的学生周蕴华回忆说："林锴、沈鹏等人在人民美术出版社当编辑，下放高邮农村劳动锻炼近一年。任老师的有林锴（教素描）、费声福（教创作）、沈鹏等。沈鹏喜音乐，能吹笛，林锴老师则哼京戏，拉得一手好京胡。在那特殊的年代，能相聚在一起谈论艺术，有时合奏一曲，是非常开心的事。林锴老师是国立杭州艺专国画系毕业的高材生，在国内已颇有知名度，所绘宣传画、连环画出版很多，特别是他用中国画形式创作的连环画《三岔口》，很有独创性。沈鹏老师介绍此作时绘声绘色，用生动的动作来演绎作品中武打场面，至今记忆如昨。"

林锴创作的连环画《甲午海战》，整整画了三年，于 1963 年问世。为了表现这一重大历史事件，他多次到山东威海等地写生，体验生活，几易其稿。这部连环画充分展现了他的传统笔墨功力。《甲午海战》是林锴连环画创作的一个高峰，在 1963 年全国首届连环画创作评奖中获二等奖。

1964 年问世的《夺印》，是一部表现农村现实题材的作品（蒋淑均改编），由于林锴常年在农村体验生活，所以画起来得心应手。作品具有浓郁的生活气息，是林锴的又一代表作。这部作品与《甲午海战》时隔一年，表现手段却迥然不同，体现了林锴绘画手段的多样性和全面的素养。

"文革"中，林锴先是被莫须有的罪名关了 8 个月，接着去湖北咸宁文化部五七干校劳动，基本上被剥夺了创作自由。干校期间，曾与刘继卣等人在武汉辅导武汉军区美术干事们画画。

1972 年，林锴从干校回京，恢复了工作。这期间，指导贾浩义等人创作了连环画《艳阳天》。

《甲午海战》 林锴 连环画

三

“文革”之后，林锴转向中国画创作。

早在20世纪50年代，林锴在创作大量连环画的同时，一直坚持国画创作。1956年，他创作的《牲口评价大会》（中国美术馆收藏），获得北京市青年美展国画一等奖。水粉画《读书》，1956年由国家选送参加东欧青年画展。1957年，为中国人民革命军事博物馆绘制抗日题材《鬼子的汽艇又来了》。1959年，为中国革命博物馆（现中国国家博物馆）绘制大型历史画《高楼寨大捷》，入选《百年中国画集》。1963年，为配合纪念曹雪芹诞生200周年，文化部调他与刘旦宅、贺友直共同绘制大型水墨组画《曹雪芹传》12幅，参加展览。

“文革”结束后，迎来了改革开放。1978 年，人民美术出版社成立了新的创作室。这是社长邵宇的主张。创作室没有创作连环画、年画、宣传画的任务，可以随心所欲地进行美术创作。创作员创作激情空前高涨，艺术风格各异，这也是当年人民美术出版社创作室能够与北京画院等创作单位相媲美的原因。几年后，新中国成立前成名的老画家，像刘继卣、王叔晖、任率英等人陆续退休，林锴成为创作室中年龄最长的一位。

此时林锴的中国画创作，从人物画渐渐向花鸟画、山水画全面铺开。人民美术出版社创作室组织去山东大渔岛写生，回来后，集结成果，出了一本《林锴画选》。

在 20 世纪八九十年代，陆续出版的《林锴书画集》《林锴书画》几本画册，基本以花鸟为主。林锴这时的花鸟画在努力摆脱前人的痕迹，包括老师潘天寿对他的影响。创建具有自己独特风格的画作，其中有代表性的题材为鸬鹚、猫、荷、松竹等，开始强调用笔苍劲老辣的特点，同时注意水墨的运用。

我以为，林锴的中国画创作，还是人物画更具有个人的鲜明特色。

20 世纪 70 年代中期，在人民美术出版社与日本讲谈社合作出版的《中国的旅行》中，林锴画的是怀素。改革开放之后，林锴参加画展，有两幅重要的人物画作品，一是《女娲补天》，二是《钟馗》，作品的主题思想紧扣时代。改革开放，正需要人们对“文革”进行反思，“文革”的鬼是“四人帮”，借钟馗打鬼，正是画家的思想倾向。而“文革”后，改革是新课题，《女娲补天》也是借此意表达我们要有补天的气魄和毅力。《女娲补天》是林锴的水墨实验，用没骨画法表现人物，结合简单的线条，在当时是一种大胆的尝试。他与李世南经常在没骨画法上切磋，但他最终认识到，水墨实验固然好，但金石般的书法用线才是自己的表现优势。钟馗是他人物画中的代表作，他特别注意用人物眼神表达其放浪形骸、疾恶如仇的性格，可谓神形兼备，深入人心。金石味道的用线方式早在他创作连环画时就已经实践过了，比如连环画《甲午海战》的毛笔用线，采用小写意的方式，与众不同。也许用这种表现方法画连环画，喜爱的群众并不广泛，但在中国画创作中，这种书法线条恰恰是艺术创作的优势。钟馗成为林锴最喜爱的表

《高楼寨大捷》林锴　中国画

《女娲补天》林锴　中国画

《老子出关》 林锴　中国画

《久旱得霖》 林锴 中国画

《严子陵钓台》 林锴 中国画

现题材。

除了一些古典人物，他还创作了大量佛道人物，如老子、降龙、伏虎等。人物的造型准确洗练，金石般的线条老辣坚实且富有弹性，凸显着强烈鲜明的个人风格特征。

林锴晚年，将更多的精力投入在山水画的创作中。

林锴在杭州艺专时学的是山水，虽然他兴趣广泛，水彩、水粉、油画均有较高的基础和创作，中国画中花鸟、人物都有大量的创作作品，但他一直对山水有更深的感情，直到晚年，他的创作主要集中在山水画上面。

清代的渐江、石涛、石谿对他的影响最大。这三个人中，他更偏爱石谿。

20 世纪七八十年代，他画了大量山水画，仅不同构图的山水册页就画了几百张。这为他晚年画山水积累了丰富的经验和素材。在社会上有影响的山水画作品有《长城》《九马画山》《甘南集市》《雁荡龙湫》等。

晚年，林锴基本摆脱了古人的影响，外师造化，中得心源。林锴笔下的山水，以真山水为范，奇峰壁立，气势峻伟，流泉飞瀑，高古自然，意境高远且宏阔；以多年养成的金石般书法线条勾勒，用笔高度凝练，纵横奇峭而又意趣横生，并施以积墨、泼墨、破墨、宿墨，层层互用；在章法上，重视繁简、疏密、虚实的统一。他笔下名山大川气势磅礴，浑厚华滋，自成一格。

四

书法篆刻是林锴的另一特长，小时候老师教他写大字，打一桶清水，拿大毛笔在一尺见方的青砖上写大字，以练笔力气势。那时主要临写颜真卿、柳公权、苏东坡等人。进入国立艺专以后，他由写帖改成了写碑，他对《张猛龙》《爨宝子》《爨龙颜》《嵩高灵庙》《石门铭》《龙门二十品》有深入的研究，也大量临摹。80 岁时我还看见他在

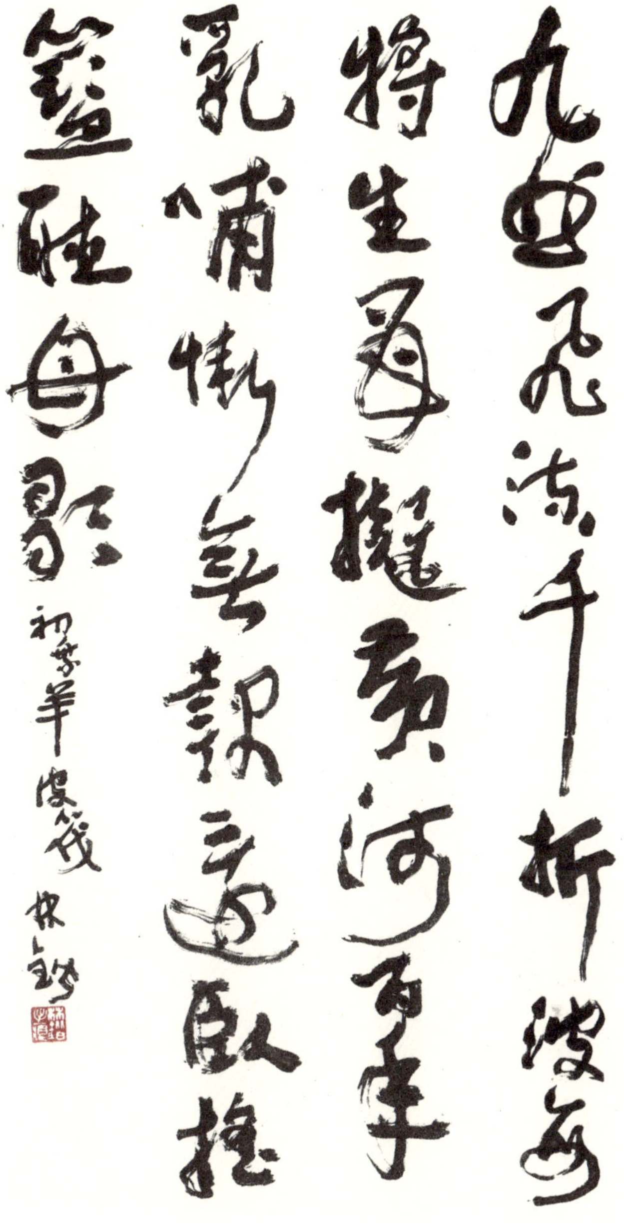

《初乘羊皮筏》 林锴 书法

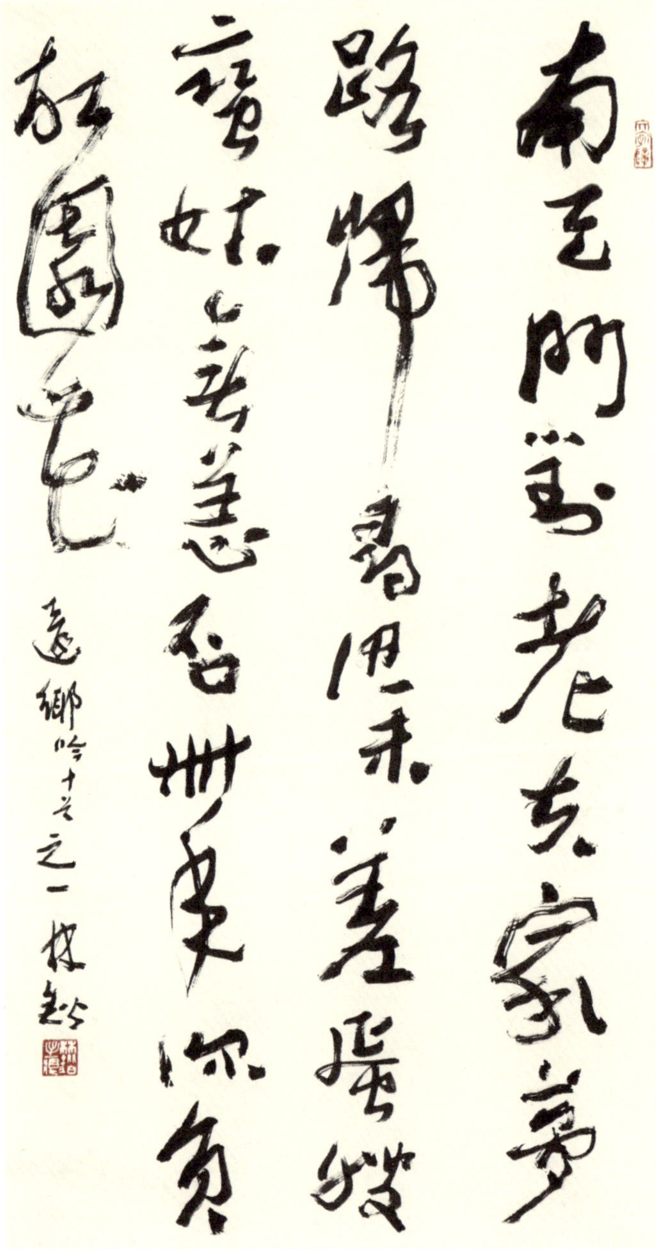

《还乡吟之一》 林锴 书法

《丹青痼癖》 林锴　篆刻

《乌山白水人》 林锴　篆刻

《纸鱼踞案傲遮山》 林锴　篆刻

《打钉铁》　林锴　篆刻

临写“石鼓文”等。帖学方面他比较喜欢黄道周、倪云璐、张瑞图、沈寐叟，但他更喜欢北碑的味道。

他认为完全写帖很难跳出来，因为帖学最终的根源都要追溯到“二王”，容易写得千人一面。完全写碑也不行，碑是刻出来的，用毛笔去追求碑刻的效果不现实，比如《爨宝子》就很难写。潘天寿的一个老师叫经亨颐，他就用圆笔中锋写《爨宝子》，潘天寿也在一定程度上受经亨颐的影响，字形中时常流露出《爨宝子》的意思。林锴一直在考虑将碑帖融在一起，能够做到放笔随形，一笔写出像碑就是碑，像帖就是帖。

林锴的老师潘天寿受黄道周影响很大，用笔刚硬，像其性格，结体独特，尤其是行气与众不同，大开大阖。林锴也很喜爱黄道周，尤其小楷，受他的影响很大。而对张瑞图的翻折用笔、沈寐叟偏锋用笔的理解，使他对书法的把握更上层楼。

林锴的书法虽然篆隶楷行草均有特点，但主要成就在行草。他的用笔介于北碑和章草之间，碑的线雄强老辣，又有章草的收锋内敛，字形则在人们常见的书法形态与绘画之间游走，独创出一种个性鲜明的新的审美样式。

也许对于林锴而言，书法不像绘画那样是主业。他首先是画家，画家作画就要时刻紧张起来，一个小瑕疵都不能容忍，而书法创作时，恰恰是他放松的状态，所以，我们看林锴书法，用线的精准、字形的放松、墨色的变化更加自然，更加富有创意。

书法评家认为："林锴的书法，碑帖合参，遇方则方，遇圆则圆，行笔自如，保留魏碑的结构而参以明清书家黄道周、沈曾植用笔的使转方法，于方劲中寓流走，拙朴中具秀逸。"

诗书画印，林锴的四能中，印排在最后，没有任何争议，而林锴的印，正如他的其他艺术特点一样，充满了创新色彩。

看林锴的印，首先看到的是他的个性。他的任何一方印章，拿起来一看就可以认定，这是林锴刻的。我曾和一些传统印家讨论，他们都说，这是画家印。恰恰是画家印，成就了林锴独特的艺术面目。林锴的篆刻，远挹汉印妙绪，近取邓石如、吴昌硕、来楚生诸家。他的篆刻，变化多而又不失规范，独创拙重雄浑、苍劲老辣的风格。

他的字体线条独特，是因为他的书法所致，篆刻不过是他书法的延伸，字体结构独具风格，布局强调疏密关系，与他书法、绘画实践密不可分。用刀冲、切、接、涩兼备，追求拙与自然的味道，他称篆刻是"末技末"，而又恰恰以此自矜。

五

"诗人林锴"，有许多文章这样介绍，让美术界的人不适应，而林锴的诗在古体诗的范围内的确影响很大。林锴的旧体诗自1992年至1995年连续四次获国家级诗词大奖赛大奖。

林锴少时曾攒钱买了一部《马骀画谱自习大全》，其中有两册《诗情画意画谱》，每一页引一首唐诗，配一幅图，都是山水画。他读诗就从这时开始。后来开始学作诗。求学时代，对他影响最大的是潘天寿。

潘天寿老师讲诗，并不备课。他先让学生练习作对子。他标出七八个词语，让学生对。林锴那时年轻气傲，心想诗都作了百多首了，还让对对，全给对上药名。“野花”对上“甘草”,“红杏”对上“乌梅”,“七香车”对“五味子”……只有“湿雨衣”，一时想不出合适的药名，就给对上了“洗脚汤”。第二次上课，潘师指出作诗应以美为原则。诗美，也就反映心灵美。

有一天上课，林锴将诗本子请潘天寿老师修改，上面有他用蝇头小楷工工整整抄下的一百多首诗。半个月后，潘天寿将本子还回来，他并没有全改，有加圈点的地方，是他审阅过，并认为可以肯定之处。本子内有一首七言古风《郑子》，潘师十分欣赏。批道：“此诗通首灵活，一气呵成，有大珠小珠落玉盘之妙。可喜，可喜！”

潘天寿很注重诗的品位。学诗，先要确立高尚的人格。诗品，亦即人品，诗品要高，先要从人品上求之。其次，学问要踏踏实实地做，一步一脚印，切忌投机取巧，以免误入歧途。再次，情绪要饱满高昂，不染一切狂怪、衰颓、哀怨、低沉的恶习。

“文革”后期，林锴重拾格律诗。他常常利用平时琐碎的时间创作，他告诉我，在病房的时候，诗创作的效率最高。我理解是，在生病时，他才有时间逐字逐句修改。他说，格律诗可以一辈子不断地改。我以为，林锴最好的一系列格律诗是在“文革”结束后创作的，此时，他的诗歌快意淋漓，饱含对“四人帮”的痛恨。比如他在福州创作的《武夷山庄题壁》：“幔亭峰下雨晴初，玉女当门画不如。半壑丹枫明似火，晚窗补读未烧书。”既有写景，又有对“文革”破坏文化的批判，此诗获首届中华诗词大赛二等奖。再如《自题红梅图》：“壮游不问地天涯，人海投身便是家。阔笔长笺大斗墨，秦烟蜀雨太行霞。山川摺叠收图笥，日月斑斓纪岁华。尘鬓归来情未已，犹沾残照点春花。”表现出作为画家壮游的豪迈和归来创作的酣畅。

林锴的古体诗连续四年获得全国诗词大赛奖，这在职业画家中实为少见。他的诗作《瘥表歌》不仅获全国诗词大赛二等奖，还入选人民教育出版社高中语文教科书。1988 年，岳麓书社为他出版了一本格律诗小册子《苔纹集》，现在被藏家炒作到 1000 元一册了。

林锴认为:“所谓诗风,就是意趣高华,摆落凡近,绝不拾取他人一丝唾馀。立品超、取径高,风规自远,路数就大。至于语言的选取,意象的经营,字句的锤炼,因人而殊,各有偏至，都在其次。”

林锴一辈子在追求诗书画印的全面修养。他认为 :“诗、书、画、印四门，原是姐妹艺术，彼此相互渗透。书画同源，书画本来一家，绘画的骨法用笔，应有书法筑基，一幅画也可看作笔笔是书,而书法的结体与分行布白又可参考画法的构图。篆刻的布局、刀法又能影响书画,增强线条的韵味。诗与画更不可分,诗多画意,画有诗境,诗画结合,乃为艺林所重。诗、书、画、印都是我国传统文化的精髓，而诗又是精髓之精髓，应以诗为纲，画中增添文化含量，出来的作品品位才高，即古人所谓画有书卷气也。”

六

1994 年 7 月，林锴被聘任为中央文史研究馆馆员。2006 年 5 月 24 日因病去世，中央文史馆是这样评价他的 :“林锴先生道德高尚，淡泊名利，提携后学不遗余力。他任中央文史研究馆馆员以来，关心和支持馆里的工作，多次参加赈灾书画义卖，向抗击非典的医护人员、向我国派赴东南亚海啸灾区救援队员赠送书画作品，向受灾地区和贫困地区困难群众捐款捐物，充分表现了爱国主义的情怀。其高风亮节受到馆内同仁的敬重。”

林锴与儿孙们在一起

林锴在五十多年艺术创作中，创作了不计其数的诗书画印作品，发表在各报章杂志上，并举办个人画展及参加国内外各种展览，且多次获奖。如今钓鱼台国宾馆仍张挂着他的十余幅作品。

著名画家、美术理论家杨启舆评价林锴："文人画家中诗、书、画、印全能，人物、花鸟、山水皆精者并不多见，都各有所偏，或各有缺项。近现代大师中堪称全能冠军的，也寥寥可数……在当代画坛中，唯林锴先生诗、书、画、印皆精，人物、花鸟、山水均能，经得起鉴赏家的品评，说他是全能的新文人画家，当之无愧。"

著名美术评论家范迪安评价林锴"兼长诗、书、画、印，曾经是中国传统中对文人的赞誉，也是当代中国文人与文人画家试欲达到的最高境界，这份传统作为可传之统和应传之统，在今天的视觉艺术创造中尤有珍贵的价值。林锴先生这样做而且做到了，就是一个无声的楷模。"

也许，这些论断会随着历史进程，越来越清晰。

李平凡

〔版画家、编辑家〕

—— 李平凡 先生 ——

中日版画交流的使者

李平凡

(1922–2011)

原名李文琨，别名里肯，天津人，版画家、编辑家

版画家，人民美术出版社编审。曾在天津美术馆西画科学习，1943年在日本创立“华侨新集体版画协会”，1946年创办《版画文化》报。曾向日本版画家川西英学习水印木版技法。1950年归国。1955年调入人民美术出版社，任《版画世界》主编。其作品《我们爱和平》获1959年德国莱比锡国际版画奖。出版有《平凡木刻版画》《李平凡画文集》《李平凡画集》《平凡版画书票原作集》等画集和著作，编辑有《中华人民版画集》《日本人民木刻》《中国古代木刻画选集》《中国水印版画》等四十余种中外文画册。2004年，李平凡向中国美术馆捐赠个人所藏日本版画、藏书票及个人作品一千余件。曾任中国版画家协会副主席、中国藏书票研究会艺术顾问、中国少儿版画学会会长、日本东京中国文化学院客座教授、中日友协全国理事、平凡友好画院名誉院长。

一

李平凡，原名李文琨，别名里肯。1922 年出生在天津市津南区高庄村。

李平凡的爷爷李德清精明能干，主张教育救国。1902 年，李德清出资建造了李氏私立小学堂，校园按原南开中学图纸建造。该学堂培养了很多人才，许多同学升入高等学府甚至留学国外。李平凡幼时在这所小学堂读书。他的两位叔父李象模、李象楷都是周恩来的好朋友。

他的美术启蒙教育是在故乡得到的。他的堂兄李文珍对他美术启蒙有积极的影响。李文珍曾就读于北平艺专，在那里学习油画。李文珍和他的同窗好友董化羽，在鲁迅先生倡导的新兴版画运动的感召下，创作版画，成为青年木刻家，并积极参加“一二·九”学生运动。他们的木刻给李平凡留下了深刻印象。

李平凡回忆，李文珍在家乡买到一棵杜梨树，加工成许多木刻板。这些木刻工具，以及不少美术书刊，都成了李平凡自学版画的教材。李平凡作过几幅版画，送给了要好的朋友，更激发了他对版画的兴趣。李平凡还看到鲁迅编的两本外国版画集——比利时版画家麦绥莱勒的《一个人的受难》和德国女版画家《珂勒惠支版画选集》。这两位版画家的艺术风格深刻地影响了李平凡。

1937 年，15 岁的李平凡到天津画馆西画科学习。“七七事变”后，天津沦陷，学校停课。李平凡自学版画。1938 年，李平凡的处女作《考试》发表在《社会月刊》上。同年，他刻了一套 20 幅的木刻连环画《一个女人的死》。1939 年李平凡开始制作藏书票。

1942 年，李平凡用手印方式出版了他的第一本画集《平凡木刻版画》。他在画册“小引”中说：“这里是名副其实的平凡版画。这里没有生活的欢乐和欣慰。而是真实生活和社会缩影——饥饿的人群、失业者、疲劳不堪的农夫与农妇、街头巷尾的乞儿……我的信念只有一条：版画艺术不是为了粉饰我所生活的这个社会。”

1943 年春，李平凡应天津同乡李万之先生邀请，在日本神户中华同文学校担任美

1946年春，日本华侨新集体版画学会会员们在神户华侨学校合影（画面前排蹲立者为李平凡）

术教师，并师从日本版画家川西英，学习日本水印木刻技法。

《津南区志》记载："（李平凡）秘密组织神户华侨新集体版画协会，因出版《浮萍集》画册，受到特高课警察的查抄，成为严密监视对象，几乎失去自由。其间编写了《鲁迅与木刻运动年表》《版画史年表》。1945年，串联组织日本华侨新集体版画协会。1946年，以协会名义在华侨界发起基金募捐活动，创办协会机关报。1947年，发起主办了《中日初期木刻展》，把鲁迅寄赠日本友人内山嘉吉的晚年收藏的木刻作品，在日本神户、大阪、京都巡回展出。同年，主持编辑《中国初期木刻集》和《鲁迅与中国木刻运动年表》等。1948年夏，中华全国木刻协会理事会决定，授权李平凡成立日本联络站。"

1949年，李平凡与日本友人合作，在日本举办了"全日本中国木刻流动展"。李平凡编辑了《半年集》等十余种版画作品集。

1946 年春，李平凡向日本版画家川西英学习水印木刻技法

二

1950 年，身为日本共产党党员的李平凡，回国举办“日本人民反帝斗争图片木刻展览”，徐悲鸿、叶君健等前来观看。这个展览还在天津、上海、杭州等地巡回展览，受到各地观众的欢迎。台湾当局造谣李平凡是中共派往日本的间谍，日本因此不允许李平凡再回日本。

李平凡自此回国定居，曾任杭州中央美术学院华东分院教师。1952 年，调入华东幻灯厂编辑部任主任。1953 年，调入北京，任中国幻灯厂美术科科长。1955 年，调入人民美术出版社。

在人民美术出版社工作期间，李平凡编辑了大量图书。当年，在中国出版的与日本版画、浮世绘有关的图书，几乎都与李平凡有关。

1956年，他编选的《日本人民木刻》，是当年人民美术出版社面向普通美术工作者的“群众美术画库”中的一本，每册只卖1毛6分钱，发行量很大。1958年，他编辑的《波兰版画选》《新波木刻选集》《光琳》出版。1959年，他编辑的《日本画家丸木位里·赤松俊子作品选集》《保加利亚版画选》《克拉甫钦珂木刻选》《麦绥莱勒木刻选》出版。同年，他编写了一本《怎样刻木刻》，由人民美术出版社出版，这是他唯一编写的书。1959年，李平凡创作的木刻作品《我们爱和平》获1959年莱比锡国际版画奖。

1958年，李平凡向时任人民美术出版社副社长兼副总编辑的邹雅建议，出版一册《解放区木刻》，得到了邹雅的支持。为了编辑这本书，李平凡花费了三年时间，走访了许多城市，抢救性地搜集了许多珍贵的木刻作品。今天看这本书，仍然是一本含金量十足的图书。这本书共收集了江丰、胡一川、马达、力群、古元等四十多位解放区版画家的144幅作品。封面设计别有新意，在仿木板的特种纸板上设计书名。尤为可贵的是，书后有四篇史料性极强的文稿，这四篇文章分别是陈叔亮的《回忆鲁艺》、徐灵的《晋冀鲁豫解放区的木刻活动》、邹雅的《晋察冀敌后方的木刻运动》和杨涵的《新四军的版画活动》。这本书为今天研究鲁艺、新四军版画历史提供了珍贵翔实的资料。

1961年，李平凡编辑的《日本浮世绘木刻》出版。

“文革”期间，李平凡下放到湖北咸宁文化部五七干校，与大家一起劳动。那时，13岁的我也随父亲去了干校，在干校认识了李平凡先生。他个子高，声若洪钟，干农活也是最卖力的。那时，他已经五十多岁了。在艰苦的年代，我从未看到过他沮丧的样子。不论什么时候，他都表现出积极乐观的态度，对此，我印象很深。2007年前后，我曾代表人民美术出版社看望他，他的激情一如既往，爽朗的笑声至今我都记忆犹新。

1986 年，李平凡主编的“版画系列丛书”出版，同年，他编辑的《日本版画藏书票选集》出版。

1987 年，李平凡编辑的《新波版画集》出版。

1983 年，人民美术出版社创办《版画世界》，李平凡出任主编，直到 10 年后终刊，70 岁的李平凡才真正退休。

三

1961 年春，人民美术出版社老社长萨空了先生交给李平凡一大包文化部前副部长郑振铎先生的遗稿，要他接手编辑和整理工作。郑振铎 1958 年 10 月率领中国文化代表团出国访问途中，因飞机失事遇难殉职。这些遗稿是郑振铎遇难前交给萨社长的，是他数十年费尽心血收藏的中国古代版画珍品和一些古版画的出版物。这部分遗稿由两部分组成：一部是 10 卷本《中国古代木刻画选集》，这部书稿从唐代至晚清共有 600 多幅图版，涉及到好几个国家和国内众多图书馆等，要一处处查对，更换照片，仅注释就需要 500 多条，有待补写的 200 多条，工作量很大。另一部分是郑振铎先生的手稿《中国古木刻画史略》。

《日本浮世绘木刻》李平凡　编

李平凡和当时社里年轻的编辑朱章超一起，从 1961 年到 1964 年，普查了原稿中涉及的史料，调阅了近万册的“西谛藏书”，走访了几十个省市的博物馆、图书馆，以及几十位古籍版本的研究者和鉴定家。查访中，发现了一些新的古版画资料，又编了一卷《古版画增补》。但是当书稿即将付印时，“文革”爆发了。这部书稿全部无影无踪。与李平凡先生合作的朱章超因病在干校去世。“文革”后的 1982 年，李平凡在另一个编辑室的旧稿堆里发现了一些凌乱的图稿，经过种种努力，终于找回稿件的大部分，但第九卷彩色木刻画的图稿照片和《古版画增补》始终未能找到。李平凡与另一位编辑一起重新整理编辑，1985 年终于出版了《中国古代木刻画选集》，完成了郑振铎先生的遗愿。这部巨著出版后立即引起国内外的注意，也成为人民美术出版社标志

藏书票（木刻）1939 年至 1944 年部分早期习作

性出版物之一。1989 年，此书获得德国莱比锡世界图书博览会金奖。目前，这套书在国内拍卖市场的起拍价达到 16000 元。

1956 年，上海人民美术出版社创刊《版画》双月刊，刊物虽然在上海出版，但编辑部设在北京。该刊主编是李桦等人，李平凡参加了筹备工作，担任过执行编辑，又担任数年的常务编委。《版画》在出版了 23 期后因故停刊。

1982 年，李平凡已经 60 岁了，可以退休了，这也是他盼望已久的日子，可以回家安心画画了。而此时，人民美术出版社原社长邵宇对他说，出版社决定返聘他，让他出任《版画世界》主编，并由他筹备创刊计划。由于对版画的感情，他答应再干 5 年，想不到，这一干就是 10 年。

1983 年，人民美术出版社创办《版画世界》。这本杂志以“继承鲁迅精神，发扬新兴版画传统，促进祖国版画事业的发展与繁荣，开展国际版画交流”为宗旨，重点介绍中外优秀版画新作、中外版画创作成就和版画新技法。以这本杂志为园地，李平凡将外国版画介绍到中国，同时把中国的版画介绍到国外。办刊是件很辛苦的事，从李平凡的回忆录中，可以看出那段工作和生活是多么紧张。像《版画世界》这类专业

《李平凡从艺 64 周年丛书》李平凡　编著

性很强的刊物，读者面比较窄，很难办，但李平凡靠多年的人脉和经营智慧，将刊物办得有声有色。他以刊物为依托，多次组织全国乃至世界的版画交流活动，有研讨会，有评奖，有培训。他几乎凭一己之力，将版画、出版、展览、中日交流、培训连成一体，在全国再次掀起版画热。

四

李平凡早期木刻作品以表现劳苦大众为主，20 世纪 50 年代以后的作品主要是表现祖国的新生活，尤其是 70 年代以后，他创作了大量的儿童题材版画作品，影响了一代人。

1959 年初，李平凡接到中国美术家协会通知，让他以“和平”为题，创作一幅版画，参加德国莱比锡举行的“国际版画比赛大展”。李平凡创作的木刻《我们要和平》在此次展览中获得银奖。这幅作品被放大 10 倍，放在柏林大街上作为宣传牌，表达中国人民热爱和平的意愿。

同年，郭沫若到欧洲参加世界和平大会 10 周年庆典，选中了李平凡的《我们要和平》。人民美术出版社精印了 1000 份单幅画，请李平凡一一签名，由郭沫若分赠出席世界和平大会的代表。不久，这幅作品刊登在德国的《艺术》、苏联的《妇女》杂志上。

说起李平凡，许多人都会想起他的画盘。他用日本麦克笔画出的盘画，深受大家喜爱。据说，经他手送出的画盘竟达 4000 余个。

1961 年，李平凡参加十三陵水库的劳动，不幸腰部扭伤，只好卧床休养。他发现仰卧床上可以用日本麦克笔画盘子，于是对此产生了兴趣。1962 年，他的画盘参加全国工艺品展览会，颇获好评，一些期刊专门刊文介绍。1979 年，李平凡在日本一次画展中陈列了一些画盘。日本记者说，这是第一次看见中国画家用麦克笔画盘。第二年，

《我们要和平》李平凡 版画

他在日本大阪举办了盘画专题展。

回国后，中央电视台报道了《李平凡画盘》。许多观众看到后，非常喜爱，有些观众专程来北京请他画盘，他不收分文，送给大家。

李平凡的画盘以儿童题材为主，风格延续了《我们要和平》的样式，儿童形象更加甜美。他善于刻画人物纯洁、明亮的大眼睛，这一双双眼睛流露出对美好世界的向往。他的作品用笔简洁生动，色彩明快，富有装饰感，深受读者的热爱。这些形象和创作风格已经成为李平凡绘画的符号。

1984年，中国记者协会评选出亚洲十佳运动员。颁奖会上，所颁发的纪念品就是李平凡画盘。中国女排名将铁榔头郎平得到画盘后，对李平凡说："我特别喜欢这个画盘，这是我最珍贵的奖品。"

1980年3月，中央电视台摄制电视片《李平凡画盘》，图为电视台摄制组与李平凡商讨制作内容

《女孩》李平凡 盘画作品

五

2004年，李平凡将他珍藏的1091件作品捐赠给中国美术馆。其中包括濒临失传的日本浮世绘木版画原作137件、日本明治时期版画11件、218幅日本当代著名版画家的真迹及546枚藏书票等，还有自己的作品190件。

这些浮世绘木版画作品，几乎凝聚着李平凡先生一生的心血。二次世界大战后，李平凡出于对版画事业的热爱，节衣缩食，收藏了这些浮世绘木版画，并把它们带回祖国。在晚年时，又将它们无偿地捐献给国家，展示了一位老艺术家的爱国情怀。这批浮世绘木版画反映了日本市民阶层的姿态和情感，是日本江户时期民间生活的百科全书。这些作品填补了中国美术馆收藏中没有日本版画的空白。

自1953年开始，李平凡在北京的荣宝斋和中央美术学院，以及上海、四川、黑龙江、华北油田等地传授日本水印木版技法，对我国水印木刻的普及与提高起到了推动的作用。

李平凡长期致力于中日美术交流，在他的直接推动下，中国木刻在日本展出数百次（1980年，李平凡接受日本《月刊美术》社长中野访谈时说）。几乎没有哪两个国家举办过如此多的版画交流活动。在他60岁生日时，日本美术界专门赠送刻有“日中美术友好交流纪念”字样的玉石奖杯为他祝寿。日本新闻界称他为中日“版画友好的民间使者”。他不仅为中日版画交流做出了巨大的贡献，也为中日文化交流做出了重大的贡献。

1985年10月，李平凡应邀访问日本书票协会

《好朋友》　李平凡　版画

《玩具窗》　李平凡　版画

《江南民居》　李平凡 版画

费声福

〔编辑家、连环画家〕

费声福 先生

连环画是他的终生事业

费声福

(1927–2009)

浙江慈溪人，编辑家、连环画家

1944 年在上海张充仁画室学画。1952 年中央美术学院油画系毕业。历任人民美术出版社创作员，《连环画报》美术组组长，中国连环画出版社《中国连环画》编辑部主任、编审，《中国美术全集分类全集·连环画卷》副主编，曾任中国美协连环画艺委会副主任兼秘书长。作品有《神火》《停战以后》《涿鹿之战》《仙画》《游赤壁》等。作品《风暴》获第一届全国连环画评奖脚本一等奖、绘画二等奖。

一

费声福 1927 年出生在浙江慈溪一户富裕的家庭，从小喜爱画画。后来家境衰败，分户到了上海。为了生计，年轻的费声福在上海一家基督教青年会工作，一方面用于生活开支，另一方面，用于去张充仁画室学画，用来交学费。

1944 年，费声福到上海名画家张充仁的画室习画。比利时畅销全球的漫画《丁丁历险记》《蓝莲花》中的中国青年张，原型就是张充仁。张充仁是上海人，曾在比利时布鲁塞尔皇家艺术学院留学，才华横溢，后来成为雕塑大师。

费声福考入国立北平艺术专科学校油画系（中央美术学院前身），1952 年从中央美术学院油画系毕业，是新中国成立后第一批中央美术学院毕业的高材生。他原来的

学生时代的费声福在画油画

1965 年费声福在大庆油田体验生活

志向是做中国的柯勒惠支，但由于工作需要，他被分配到人民美术出版社，而且让他做连环画工作。连环画原本不是费声福追求的目标，但他干一行爱一行，兢兢业业，一干就是40 年，成为中国连环画界不可或缺的风云人物。由于他的基本功扎实，人民美术出版社派任务的时候，常常让他画现实题材，尤其是工业题材。为了体验生活，他几乎跑遍了当时中国重要的工业基地，大庆油田、石景山钢铁厂、长辛店机车制造厂、抚顺煤矿、开滦煤矿、江岸铁路工厂等地。他下工厂不是走马观花地看看，而是身体力行，主动参加劳动，和工人打成一片。长年的体验生活，使他画起工业题材得心应手。20 世纪五六十年代，他创作了大量的连环画作品，如《红旗》《铁水奔流》《停战之后》《乘风破浪》等等。他的画风受西方绘画的影响，尤其是柯勒惠支的影响，线条粗犷有力。他画的工人，质朴而有力量，形式和内容配合得当，非常贴切。

连环画《风暴》是他的成名作，也是他连环画创作的第一个高峰。

《风暴》连环画 费声福

二

费声福不仅连环画画得好，而且擅长合作，性格豁达、这对于一个画家来说，并非易事。作为画家，要保持自己的个性，没有个性就没有自己的特点，而一般有个性的人都难沟通和合作。

费声福大部分连环画作品都是自编自绘的，这部连环画《风暴》最初也是他自己根据话剧《红色风暴》改编和绘画的。

为了真实反映“二七”大罢工的场景，对《风暴》中人物有更准确的把握，费声福深入到武汉江岸车站，到铁路工人中去参加劳动，体验生活，因此，创作出的作品有强烈的生活气息和艺术感染力。这部书作为十年大庆的献礼书，受到领导的重视。

在连环画《风暴》中，费声福以粗犷的笔触表现大革命时期，我党领导人民群众同反动派进行斗争的英勇事迹，他善用黑白，表现劳苦大众时，多用线描及灰色，而表现反面角色时，衣服多用黑色，以黑色暗喻反面角色的阴暗狠毒，这个基调贯穿全书。他表现施洋大律师，线条简洁有力，突出他的坚决不妥协的态度，给人以力量感。费声福是中央美院科班出身，他在这套连环画中也充分展示了他对人物造型的熟练把握，准确、动感、合理、自然。可是，《风暴》全部完成时，领导并不满意，认为文字还需要进一步修改，可以找文字编辑共同创作。这样的事情一般作者不会同意，自己改编绘画的，为什么再找合作者？但费声福看到文编吴兆修在文字上比自己更有能力，于是毫不犹豫地请吴兆修改编。吴兆修对原脚本进行了大刀阔斧的修改和再创作，将这部连环画《风暴》提升了一个层次，成为连环画的经典之作。文图各展其长，珠联璧合，交相辉映，得到了连环画界的一片喝彩。《风暴》是合作成功的一个范例。当时的编辑部主任姜维朴将连环画脚本的前后不同版本印成了内部参考资料，供大家对比学习，在社内外引起了不小的影响。当时的文编曹作锐专门为该脚本写了评介文章，1980 年发表在《连环画论丛》创刊号上。

连环画《风暴》获得第一届全国连环画评奖脚本一等奖（与吴兆修合作），绘画二等奖。

1963 年，毛泽东主席为雷锋题词后，全国掀起学雷锋的热潮，人民美术出版社随即为连环画《雷锋》组织了创作队伍。连环画《雷锋》是人民美术出版社集体创作的，而首功是费声福。费声福构图快，他负责先打草稿。由于他的积极参与，仅仅二十多天，稿子就创作出来了，这部连环画 1963 年 3 月出版，到 1964 年 11 月，已再版 8 次，印刷发行 106 万册 。直到今天这部连环画仍在不断重印。

三

20 世纪 70 年代末 80 年代初，是中国传统连环画发展的高峰期，一些画家一夜成名，可能就是因为一套连环画作品在《连环画报》上发表。作为连环画的重要阵地，《连环画报》是许多画家希望发表稿件的地方。一些画家给编辑送些礼品，带个朋友介绍的条子，是常有的事，也是可以理解的。作为手握稿件生杀大权的《连环画报》美术组长费声福，并不为所动，坚持稿件质量第一，甚至一些原本不知名的画家被他发现、挖掘、培养，许多画家为此而感激他。

《中国连环画》原副主编庞邦本回忆起往事，感慨颇深。在 20 世纪 50 年代，庞邦本被错划成右派，直到 70 年代末，他才被平反。没有工作，庞邦本试着画了一套连环画《我的叔叔于勒》。他的朋友丁聪和曹辛之告诉他，投稿要有介绍信，要先和主编打招呼。庞邦本揣着他们写的介绍信，来到人民美术出版社传达室。穿着宽条绒衣服的费声福出来接待，看了稿子，当即表示留下备用。庞邦本说还有介绍信，费声福说不用拿出来了。几个月后，《我的叔叔于勒》在《连环画报》刊出，庞邦本被约请画重点稿件《伊利亚特》。庞邦本说，自己画连环画，就是因为费声福引路的缘故。几十年来，有许多像庞邦本这样的连环画家受惠于费声福，像尤劲东、何多苓、沈尧伊等人，我听到对他的评价都是充满敬意的。

1985 年，中国连环画出版社成立，58 岁的费声福放弃了原来熟悉的《连环画报》，参与创办中国连环画出版社，主持《中国连环画》的创刊和管理工作。

费声福有很强的绘画功底，又具有编辑的独到慧眼，他当年主持《中国连环画》时，从浩如烟海的连环画来搞中，选择和发现优秀的作品，刊载在刊物上。在第六届全国美展上获奖的连环画作品，绝大多数在《中国连环画》上刊载过。

《中国连环画》在当年同类的刊物中，水平较高，这得益于掌门人费声福。他多次强调，一本刊物就像一桌酒席，如果配菜得当，效果事半功倍，读者会觉得这桌饭

1978 年费声福（右）在贵州体验生活

菜做得好，买得值。因此，一期刊物排什么样的稿子，要反复琢磨。什么菜不能少，什么菜应当具有什么样的味道，主编应当胸有成竹，有一本清楚的账。

四

1971 年 1 月，我随父亲林锴到湖北咸宁文化部五七干校，由于地方窄小，我同费声福恰好住一间小屋。那时，我和他的大儿子费名浩是同学，每天一起上学。1972 年下半年，我回到北京，不久他们也回到了北京。放寒暑假或过节，我常去费声福先生家，他们一家人住在中央音乐学院的一个大教室里。每次去，尤为难忘的是必有一顿丰盛的佳肴。

费声福（中）与老朋友交谈

那时正在“文革”当中，几乎一切与西方艺术有关的都被当作“封资修”的东西尘封。我印象最深刻的是他家里典型的“小资”情调。费声福的夫人是中央音乐学院的钢琴教授，《红色娘子军》中“快乐的女战士”的乐曲在他女儿的手指间自然而又流畅地泻出，在用柜子也无法隔开的高高的屋子里回旋。或者，留声机里放出西方古典音乐，费声福告诉我这是《天方夜谭》，这段音乐是阿里巴巴来了，那是用低音表现他沉重脚步的，不知不觉中，我会产生一种奇妙的慵懒的感觉。就在这时，我发现墙的角落里，有一幅油画——向日葵。我没见过这样表现向日葵的，虽然看上去这幅画的作画时间很久远，画面上的颜色陈旧了，但那明黄色跳跃的、粗犷的笔触，却一下子抓住我，我感到激动万分。我诧异，原来画也可以这样画。也许是当时出于对西方艺术的讳言，费声福漫不经心地告诉我，这是他上大学时临摹的作品，是西方印象派大师凡·高的向日葵，没有更多的评价，仿佛那是很久远的事情。

20世纪70年代末，费声福用水粉画过一套彭荆风的《驿路梨花》，色彩依然是明快的，亮丽的，有典型的印象派痕迹。1982年，我在一所中学教语文，《驿路梨花》是其中一篇阅读课文。由于费声福的连环画，我满脑子充盈着粉色、白色等炫目的色彩，很有情感的讲读了这篇课文。

五

费声福受过艺术的高等教育，在艺术观点上比较开放。在连环画领域他有自己的想法，但也能够接纳不同的艺术观点和绘画风格，这是编辑必须具备的条件之一，而又不是每个编辑都能够做到的。

1985年，中国连环画出版社成立，费声福参与了组建的工作，担任《中国连环画》编辑部主任。1986年，我调到《中国连环画》做文字编辑。记得在每期评稿的时候，大家各抒已见，只要有想法，都可以说出来。20世纪80年代中期，正是连环画突然跌落低谷的时候，有的画家把连环画期刊当作展示个人才华的舞台，变形画的风气很浓。这样的连环画老百姓不愿看，纷纷提意见，说看不懂。究竟应该把连环画期刊办成阳春白雪还是下里巴人，在编辑部有不同意见。在一次小范围的讨论会上，我提出干脆办成高雅的连环画期刊，选择一些西方现代派的文学作品，配合变形夸张的画风，也会有读者。会上没有人同意，也没有人反对。后来，我知道，这种认识是偏颇的，但作为室主任的费声福，没有直接对我提出批评，他是让我自己去悟。

费声福讲原则，在是非面前不让步，但他的行为准则是对事不对人，有时因为一个小问题，同事之间争得面红耳赤，是非曲直，越辩越明。但争论过后，同事之间还是朋友，而且关系更为亲密。对事不对人的原则在编辑部中蔚然成风，这样的作风对我的影响很大。

他有一句名言，对我触动最大。在工作中，他与一位同事共事几十年，为了工作也争执了几十年。在临近退休时，他对那位同事说："如果不是为了工作，我一天也不愿意和你在一起；但是因为工作，我一天也离不开你。"

六

了解费声福的人都知道，他爱喝酒。他是那种会享受酒的人，爱喝酒，并不贪杯，我从未见过他喝醉过，由此看来，他的克制能力很强。二两二锅头，几粒花生米，可以喝一顿;奢侈时，一小瓶俄罗斯鱼子酱，可以就着酒吃很长时间。费声福清楚地知道，人的一生并不能总是按照自己的想法度过，尤其是事业上，要有良好的大环境，要有机遇，身为编辑室主任，他面临的矛盾可能更多。喝酒是费声福最愉快的时候，飘飘欲仙，忘记烦恼。酒和连环画，都是他无法割舍的。

费声福懂音乐。我印象最深的是他家里的电话号码都用音符代替，三十多年过去，他家里的 6 位电话号码，我依然记得清清楚楚。我听过他组织会议时唱的《姿三四郎》，是不是日文我听不懂，但节奏极准，模仿得很像。他还擅长跳舞，作为同事，我能够多次欣赏到他的舞姿。他的舞姿初看上去一般，没有更多的花样，但由于他对舞曲理解的深度，对于不同情感、不同情绪有着准确的把握，因此常常能够和舞曲融为一体，这正是他的高明之处。

"文革"之后，费声福的画风有所改变，这是基于他长时间的思考，他一直在考虑关于连环画民族性的问题。他在 50 岁前后，注重从传统的绘画中借鉴和汲取营养，开始画古典连环画。也许是从汉画像砖或敦煌石窟壁画飞天得到的灵感，这时的古典连环画，像《逐鹿之战》《挂剑》《游赤壁》等作品，线条优美洗练，每一根飞扬飘逸的线条，或沉郁，或抒情，或浪漫，或激昂，都充满了节奏感、韵律感。这时的风格

《涿鹿之战》选页　费声福　连环画

《齐桓公》选页　费声福　连环画

不再力求写实，而是追求一种意境，探索诗意的表达。他晚年的古典连环画充满了诗意和音乐感，与他的审美和音乐素养有着不可分割的联系。

费声福是新中国连环画事业的直接参与者和推动者，是新中国连环画发展的见证人。20 世纪 50 ~ 60 年代，他是连环画的创作者和编辑者，70 年代和 80 年代，他是连环画期刊的组织者，80 年代到 90 年代，他又策划和组织了一系列连环画的评奖、展览和各种座谈会。80 年代，中国连环画艺术委员会成立，他先后任副秘书长、秘书长，工作极其繁重。他懂得管理，懂得分权，他知道这时不能再事无巨细地干，那样反而会干不好，于是将权力下放，充分信任具体办事的同志。比如举办连环画展览，他请一位同志负责展务工作；而会议邀请媒体、选择地点等工作他则请另一位同志来做。他只是讲，这些事你们干更好，拜托了。最典型的是一个百余人的大型连环画会议，许多单位办会都是一个强有力的班子，他却将会务工作交给当时在行政处工作的沈行止同志。定票、迎来送往，住宿、吃饭等，事务繁杂而且不好处理，比如那时车票很难买到，有的同志拿到票，又要求退改成另一个车次等等。沈行止出色地完成了任务，得到与会人员的一致好评。多少年过去，我们才发现，费声福看人是如此准确，用人的技巧如此高超。

费声福严以律己，考虑问题有大局观，常常站在对方的立场上，替对方思考。比如，在他担任连环画艺术委员会秘书长的时候，参与连环画的评奖工作，出于公心，声明自己的作品不参加评奖活动。以他的绘画水准和在连环画界的声望，获二等奖以上应不成问题，但他偏偏坚持自己做人的原则，自己是评委，自己的作品不参评。由于费声福对连环画的杰出贡献，1991 年，第四届全国连环画评奖中，他获得“连环画工作荣誉奖”和“优秀编辑荣誉奖”。

2000 年，费声福被突如其来的病魔击倒，一直躺在病榻上养病。连环画出版社准备再版他的连环画作品《风暴》，我和编辑到他家里拿原稿。这时，费声福已经在病榻上，但他考虑的是这本书会不会有利润，会不会给社里带来经济压力，并表示，稿费可以少些。这种站在出版社立场上想问题的思考方式让编辑很感动。他虽然不能行动，回忆起连环画过去的辉煌却如数家珍，他坚信并希望连环画在新世纪会有更大的作为。

费声福，连环画事业是他的终生事业，他是新中国连环画的开路先锋。

《华佗与曹操》封面　费声福　连环画

《春秋霸主齐桓公》封面　费声福　连环画

《哪吒成才记》封面　费声福　连环画

《神火》封面　费声福　连环画

《无题》 费声福　速写

姜维朴

〔出版家、连环画家〕

姜维朴 先生

与连环画同呼吸、共命运

——我熟识的姜维朴先生

姜维朴

(1926–)

山东龙口人，出版家，连环画家

1944 年参加革命，山东解放区山东大学文艺系肄业。曾任上海《华东画报》主编，1953 年起，历任人民美术出版社连环画册编辑室副主任、主任，人民美术出版社副总编辑。1985 年，创建中国连环画出版社，任总编辑。创作连环画脚本《穷棒子扭转乾坤》，获第一届连环画评奖文学脚本一等奖。主持编辑出版《水浒》《岳飞传》《志愿军英雄画谱》《地球的红飘带》等连环画。长期从事连环画的编辑、出版、理论研究及组织工作，创立中国连环画研究会，为新中国连环画事业的领军人物。著有《鲁迅论连环画》《新中国连环画 60 年》等。任中国连环画研究会会长、中国美术家协会第四届理事、第八届全国政协委员。2004 年，获中国美术家协会颁发的“卓有成就的美术史论家”奖。2015 年获中国出版工作者协会、韬奋基金会颁发的“新中国 60 年百名优秀出版人物”奖。

一

姜维朴，1926年生于山东省黄县妙果村，幼年丧父。姜维朴幼时聪颖，喜爱读书，上小学的几年里，在全校考试中年年都是前三名。

抗战爆发，姜维朴因家庭贫困辍学。原来的老师看到好学生不能继续读书，天天下田务农，心里痛惜，让他回母校当小先生，教低年级的学生。姜维朴一边做小先生，一边读了许多图书，有父亲留下的《水浒传》《三国演义》《说岳全传》等古典名著，有茅盾的《家》、丁玲的《丁玲选集》、郭沫若的《女神》等现代文学作品，也有故事性强的《施公案》《三侠五义》等公案侠义小说。叔叔送的1936年版的《鲁迅选集》，他一直保存到今天。这套书中的《"连环图画"辩护》，竟与他未来的连环画事业结下了一辈子因缘。

1998年，姜维朴与夫人王素合影

1941年，姜维朴到青岛讨生活，受尽了业主的盘剥。在日资洋行打工，被耀武扬威的日本人欺负。1942年，他凭实力考上了免费的北京电气通讯学院，却还是被日本人欺辱。

1944年毕业后，姜维朴返回家乡。村里小学的乔校长听说他回乡，喜出望外，让他到小学校任教。这时的村子虽然还是两面政权（表面是日伪政权，实际是共产党政权），但实际上已属共产党领导。不久，姜维朴义无反顾地参加了八路军。1945年，姜维朴从部队考取了山东大学文艺系。当时山东大学在临沂，

1953 年姜维朴任人民美术出版社连环画册编辑室负责人，在北京灯市口原人美社旧址门前留影

是山东解放区首创的高等学府。没有教室，只能在露天里上课；没有宿舍，只能借住民房。但是大家学习热情高涨。在文艺系，姜维朴认识了同班同学、一生的伴侣——王素。

1948 年，姜维朴被派往《华东画报》社，从此开始了记者生涯。来社前他从没摸过相机，但他刻苦学习，很快就掌握了拍摄和洗印技术。他拍摄过不少具有重大历史意义的照片，比如拍摄王耀武等被俘的国民党高级将领在“解放区教导团”的学习活动，拍摄铁路工人冒雪抢修胶济铁路济潍工程时热火朝天的劳动场面，拍摄山东民工把弹药送向淮海前线等等感人场面。期间，他撰写了五十多篇报告文学、诗歌及唱词等通俗文艺作品。姜维朴曾经在闻名全国的劳动模范张富贵的村子里生活了一个多月，后来由他写诗、赵延年绘的《劳动英雄张富贵》连环画，是他的第一部连环画作品。

二

1953 年，《华东画报》改为《工农兵画报》，所有记者调往北京。这年 2 月，姜维朴调到人民美术出版社，被任命为连环画册编辑室副主任，主持连环画册编辑室工作，后任室主任。在他的主持下，先后出版了《水浒》《岳飞传》《杨家将》《志愿军英雄画库》《我要读书》《穷棒子扭转乾坤》《王贵与李香香》《漳河水》《英雄村》《青年近卫军》《钢铁是怎样炼成的》等深受广大群众喜爱的作品。

1953 年春，人美社新建立的连环画册编辑室全体同志合影（前排左二为姜维朴）

《水浒》连环画册，从 20 世纪 50 年代到 60 年代初，先后出版 26 集。姜维朴注意导向，在文字脚本着手改编时，要求遵循“取其精华，去其糟粕”的原则，对一些不适合青少年儿童阅读的部分给予删节。比如血溅鸳鸯楼，武松一怒之下杀了几十口平民，脚本文字都做了删改。从 1955 年到 1960 年，《水浒》连环画册再版 16 次，总印数约 1500 万册。从 1958 年到 1984 年，连环画套书《岳飞传》，15 集共印 6700 余万册。从 1958 年到 1981 年，《杨家将》5 集共印 1350 余万册。1957 年到 1960 年出版《中国戏曲故事》画库，印了 60 万册。此外还出版《我要读书》《穷棒子扭转乾坤》《钢铁是怎样炼成的》《志愿军英雄传画库》《青年近卫军》等一大批优秀的连环画册。自 1953 年成立连环画册编辑室到 1962 年，共出版连环画册 1400 余种，印刷 1 亿余册。

20 世纪 50 年代
出版的《水浒》书影

《智取威虎山》连环画封面

《红灯记》连环画封面

这些连环画作品影响了新中国整整一代人。

“文革”开始后，姜维朴成为被批斗的对象。两年后被“解放”，再次回到连环画工作岗位。

1971 年，周恩来总理主持召开出版工作会议，姜维朴参加了大会。周总理说：“现在孩子们没有书刊，任务紧急啊！你们不干，谁干？”姜维朴感到身上的担子很重。

1973 年 10 月，《连环画报》复刊，姜维朴主持《连环画报》编辑部工作。这一年编绘出版了一批以现代京剧为题材的连环画，如《红灯记》《智取威虎山》等。

人民美术出版社出版的《连环画报》封面

“文革”后，姜维朴被任命为人民美术出版社副总编辑，分管连环画册编辑室和《连环画报》编辑部，创办了全国唯一的连环画理论刊物《连环画论丛》。1983 年，他创办中国连环画研究会。如果说，新中国的连环画曾创造出无数次辉煌，可以这样说，这一次次辉煌几乎都与姜维朴这个名字联系在一起。

改革开放后，被誉为“文艺界轻骑兵”的连环画被广泛关注，受到社会各阶层读者的欢迎。20 世纪 80 年代初，《连环画报》成为全国十大畅销刊物，印数最高时，每期发行量达到 120 万册。

70 年代，人民美术出版社出版的连环画册印数空前。华三川绘制的《青年近卫军》，1977 年第一次印刷，120 万册；《三国故事》《水浒故事》，1980 年第一次印刷，350 万册。这里都有姜维朴辛勤的汗水。

80 年代初，他主持的《连环画报》发表了一系列震撼人心的连环画作品，其中尤以《枫》《人到中年》最具影响。当时上大学的我曾将那两期《连环画报》拿到大学校园，引起轰动，大家纷纷传阅。然而，当时“文革”余毒尚存，少数观念极“左”的领导下令停止当期《连环画报》的发售并销毁。姜维朴等同志冒着被撤职、被迫害的危险，据理力争，终于使《连环画报》顺利发行。

姜维朴先生当之无愧为新中国连环画的奠基人之一。

三

姜维朴在几十年的工作实践中，深感连环画对广大群众和青少年人生观、思想品德的养成起着重要的作用。为了使连环画事业沿着健康方向发展，他认为很有必要建立一个专门出版连环画的机构。他以中国连环画研究会会长的名义，执笔上书时任总书记的胡耀邦同志。胡耀邦同志很快于当年的11月作出批示，交由文化部出版局经办。1985年3月14日，中国连环画出版社成立，姜维朴被任命为总编辑。

为尽快开创连环画出版工作新局面，姜维朴组织编绘出版了《保边疆献青春英模连环画库》《革命战争连环画》、歌颂长征史诗的《地球的红飘带》等重要作品，并编辑出版了《第二次世界大战连环画库》（与云南人民出版社合作）、《革命领袖丛书》、《古典文学彩色连环画库》等精品。

中国连环画出版社在姜维朴主持下于1985年成立。图为1986年该社成立1周年时同志们的合影（前排左四为姜维朴）

《地球的红飘带》12开精装，两卷本样书

1988年，姜维朴先后在北京、上海举办了“中国连环画原作展”。在京展出期间，时任中央书记处书记的芮杏文、杨成武将军以及各界知名人士参观了展览。

1995年，姜维朴从中国连环画出版社总编辑的岗位上退休，可他还在中国出版工作者协会连环画艺术委员会主任的岗位上工作，他是中国出版工作者协会各分支机构中任职时间最长、最年长的主任。他用了近五年时间，于2010年出版了《新中国连环画60年》辉煌巨著，这是为新中国成立60周年的献礼书。时任中央政治局委员、中央书记处书记、中宣部部长的刘云山为此书批示：“健康有益、生动形象的连环画是老少咸宜的‘大众食粮’。我们许多人都是看着新中国的连环画成长的。推动连环画的繁荣发展，最重要的是适应时代要求，勇于超越创新。宣传文化部门要支持连环画的创作出版和发行，使连环画成为永葆生机活力的中国特色的文化艺术之花。感谢为新中国连环画事业作出贡献的姜维朴同志，感谢所有为我国连环画事业辛勤耕耘的美术工作者、出版工作者。”

2012年1月29日，时任中宣部副部长的蔡名照给姜维朴写信说：“连环画是我国独具魅力的传统艺术样式，一直受到广大人民群众的欢迎。您长期致力于推动我国连环画出版事业的繁荣发展，年近九旬，仍倾心关注，精神品格令人敬佩。”

四

作为新中国第一代连环画工作者，姜维朴呼吁全社会都关注连环画事业，关注连环画文学脚本的创作。他认为，连环画脚本是连环画成败的关键。他身体力行，编创了《穷棒子扭转乾坤》连环画文学脚本。

在新中国成立后不久，全国农村展开了合作化运动。毛泽东主席说："遵化县的合作化运动中，有一个王国藩合作社，二十三户贫农只有三条驴，被人称'穷棒子'社。他们用自己的努力，在三年内，'从山上取来了'大批的生产资料，使得有些参观的人感动得下泪。"

巧的是，姜维朴此时正带队和刘继卣、王角等人下放河北遵化县大寨乡劳动锻炼，王国藩合作社与大寨乡只有一山之隔。此时，姜维朴创作了《王国藩与建明社》连环画脚本，由刘继卣和王角绘画，先在《连环画报》以彩色版发表，后出单行本，很受欢迎。

人民美术出版社出版的连环画《穷棒子扭转乾坤》封面

1959 年，结束下放锻炼后，姜维朴觉得当时挤时间写的《王国藩与建明社》还不够理想，于是与刘继卣商量，把这个选题当作出版社重点选题，他重写，由刘继卣重画，这个想法与刘继卣不谋而合。于是，他们又进行了二度创作。《穷棒子扭转乾坤》初稿完成后，他们回到建明人民公社征求意见，反复认真修改。

书名改为《穷棒子扭转乾坤》，根据真实事迹编绘，但有的情节在真人真事的基础上做了艺术加工。书中人物王国藩、杜奎、佟启都用真名，其他人物有的名字略作改动，有的则是几个人物事迹合成的。

这部连环画于 1963 年在人民美术出版社出版，《北京日报》《解放军报》连载，北京幻灯厂制作了幻灯……此书连续三次印刷，印数超过 100 万册，并于 1963 年分别获得第一届全国连环画脚本和绘画创作评奖一等奖。

反映长征史诗的《地球的红飘带》是一部长篇连环画，是中国连环画出版社重点选题之一。这也是 1985 年以后，中国连环画走入低谷时的连环画力作。

《地球的红飘带》共五集，是王素根据魏巍的同名小说改编，沈尧伊绘制的。1987 年开始编绘，历时六年出齐。连环画《地球的红飘带》先后获第七届全国美展金奖、纪念建党 70 周年全国美展金奖、第四届全国连环画评奖中绘画一等奖和脚本二等奖、全国美术图书评奖金奖等四项金奖。

1990 年底，姜维朴先生出差东北，从黑龙江回京，突然大面积脑溢血，生命垂危。医生几次通知家属做好准备，但姜维朴却在昏迷后醒过来。就像连环画这种极富生命力的载体一样，姜维朴奇迹般地脱离了死神的怀抱。在医院，他仍念念不忘连环画的发展，关心连环画《地球的红飘带》的出版。这时，正逢《地球的红飘带》第三集需要审稿。病榻上的姜维朴坚持终审画稿。因为病中不能抬头，便让王素把画稿图片一幅幅举着给他看。王素回忆说：“当时他身体十分虚弱，每看一会儿便大汗淋漓，呼吸困难，只得停下来吸一会儿氧气，待精力稍恢复，又继续看。这集画稿共 226 幅，每天这样时断时续，一直坚持看了四五天，边看边提意见。”

曾在长征中任党中央秘书长的刘英同志与姜维朴先生合影

1993 年，时任中国美协副主席的华君武致信姜维朴 ：“这五册连环画应该说是有中国连环画以来的巨作，在思想上、艺术上都是一流水平，可惜现在的舆论，都热衷去捧臭脚，好的作品反而被冷落了，这实在是一种可悲的现象。谢谢沈尧伊同志和脚本作者王素同志，也谢谢你，连环画的保护神姜维朴。”

五

我第一次听说姜维朴的名字，是在读大学的时候。有一次，我拿着父亲单位发的电影票看电影，意外地看见同系不同班的一位女同学，打过招呼之后再一细问，知道她的父亲也是人民美术出版社的，叫姜维朴。但我无论如何也没有想到，日后，我会成为她父亲的属下，并且与他毕生追求的连环画事业紧密地联系在一起。

1986 年，我调入中国连环画出版社，姜维朴先生是总编辑，我对他很敬重。90 年代，中国连环画出版社在他的主持下，出版了一系列优秀的连环画精品。最为著名的是王素根据魏巍同名长篇小说改编、沈尧伊用六年时间绘制的五卷本大型连环画《地球的红飘带》，获得了四项国家级金奖。当时，中国连环画出版社经济较为困难，有些同志发牢骚，说不应该出版《地球的红飘带》，因为它不可能带来可观的经济效益。1990 年，我负责连环画册编辑室时，承担着这套书后几本的编辑出版工作，也承担了一定的经济压力。但我始终认为姜维朴先生做得对。一套规模适当的好书不会将一个出版社推向沼泽，相反，它会成为出版社的标志性读物，会提升一个出版社的形象和品牌。事实证明，这套书出版了包括韩文版的多种版本，给出版社带来很好的社会效益和经济效益。

在不同的场合，我曾多次感叹：姜维朴先生实在是我的榜样。一般人进入 50 岁的行列，很难舍弃原有的地位再次创业，而姜维朴却在他 59 岁那年，义无反顾地投入创立中国连环画出版社的工作，其胆识、魄力都是常人难以做到的。这同样源于他对连环画事业的执著和热爱。

1985 年，对于姜维朴先生来说，既是非常高兴的一年，又是忧心忡忡的一年。在这一年，他亲手创建了梦寐以求的中国连环画出版社；然而也正是这一年，传统连环画由高峰猛然跌入低谷，中国传统连环画的印数由原来的动辄几百万册急剧下降到几万册。从感情上讲，姜维朴先生希望这只是一个暂时现象，是出版社重复出版、粗制滥造，无节制的出版武打题材所造成的局面，如果规范出版，重新举起严肃创作的大旗，连环画定能重现辉煌。但从理智上看，姜维朴先生非常清楚，问题绝非这样简单。

1989 年，不知深浅的我向前辈们提出挑战，写下了《中国连环画将走向何处？》，提出了如果中国连环画走出低谷的话，一定要借鉴欧美、港台、日本的连环画、漫画的观点。我在文章中明确地说，传统连环画将风光不再。这篇文章是我看到中国连环画总在原地徘徊，各地美术出版社削减连环画编辑室，连环画期刊也失去了往日的辉煌，尤其是看到社里连环画册编辑室开始出现亏损的现象后，经过认真思考提出的一种新思路。当时，负责《连环画艺术》的白宇先生准备将这篇文章定为重点稿件，在理论探索的栏目中放在第一篇。几天后，我得知稿子依然上，只是由重点稿变为一般稿件，原因是文章的提法不是主流意见。我知道这是姜维朴先生的意见，搞了一辈子连环画，当然不愿意听对连环画不利的意见，况且问题提得很尖锐，他感情上实在难以接受，能予以刊登，已是不易。

文章如期发表了。不可思议的是，两个月后，姜维朴先生找我谈话，让我接手连环画册编辑室。我猜测，他很可能是在感情上不接受我的观点，但理智上他认同我的意见，或许我可能闯出一条新路。

其实，姜维朴先生不仅能够使用持不同意见的同志，更可贵的是，为了连环画事业，他可以不计个人恩仇，大胆使用以前曾对自己有过伤害的同志。“文革”期间，姜维朴先生曾受到一些造反派的打骂，其中，原中国连环画出版社的一位同志就曾在“文革”中打过他。但姜维朴先生深知这是一个时代的悲剧，不是哪一个人的过错，因此，他宽容地对待曾经对自己有伤害的同志，为了连环画事业，他坚持调入那位同志，并委以重用。

1990年前后，日本漫画大举进入中国图书市场。到1993年、1994年，正版、盗版的日本漫画已占中国连环画市场的95%以上。社会上的许多有识之士指出，这是日本的文化侵略，姜维朴先生一直关注这些反常现象，写了一系列文章，多次在全国政协会议上呼吁，希望这种现象引起中央领导的重视。他支持中宣部、新闻出版署联合启动的中国动画“5155工程”，将自己1985年亲手创办的期刊《连环画艺术》改为丛书，刊号用于《少年漫画》，发展我国自己的连环漫画。

姜维朴先生深知，连环画事业的成败取决于人的素质，因此，他早在1988年，就清醒地看到培养人才的紧迫性，一方面，他对调入出版社的人员严格把关，另一方面，他鼓励社里的人去闯、去干，并提供各种机会。他允许各编辑室打破出书范围的界限，建立自办发行办公室，让各个部门的同志兼职，既补充了人员的不足，又锻炼、培养了一批有经营意识的中层干部。

如今，姜维朴先生早已从领导岗位上退了下来，但年近九十的他仍然关注连环画事业的发展，每次有关连环画的活动基本上都能看到他的身影，他仍然在为连环画的发展大声疾呼。他还坚持撰写有关连环画的文章和评论，撰写可供今天借鉴的连环画往事。姜维朴先生与连环画同呼吸、共命运，将有限的生命与无限的连环画事业紧紧地维系在一起。

1991年，第四届全国连环画评奖授奖大会在京举行。图为姜维朴前往蔡若虹家中邀请其参加大会时留影

《我要读书》连环画封面

《杨家将》之五《智审潘仁美》 连环画封面

沈鹏

〔书法家、美术评论家、诗人、编辑家〕

沈鹏先生

编辑出身的艺术家

沈　鹏

(1931-　)

江苏省江阴市人，书法家、美术评论家、诗人、编辑家

书法家、美术评论家、诗人。1950年在《人民画报》社工作。1951年始，先后任人民美术出版社编辑室副主任、总编室主任、副总编辑、编审。享受国务院政府特殊津贴。中央文史研究馆馆员，第八届中国文联副主席，全国政协委员。曾任中国书法家协会主席，现任中国书法家协会名誉主席。获中国文联2006年"造型艺术成就奖"，第二届中国书法兰亭奖"终身成就奖"。

一

沈鹏，1931年出生于江苏省江阴市。父亲沈雨祥是中学教师，母亲也曾任教。6岁前，沈鹏生活在外婆家，外公名叫王逸旦，他变卖家产创办当地最早的江阴城南小学，并任校长。外公的弟弟做过江阴唯一的高级中学——南菁中学的校长。幼时的沈鹏得过严重的百日咳、麻疹等，有人给他喂温性的中药，看上去是补身体，但不对症，沈鹏天天被药罐子折磨，身体极度不适，回忆起童年，感觉是苦涩的。

1936年至1937年，沈鹏入城南小学读书。

与大家一样，少年的沈鹏也喜爱运动，打乒乓球、踢足球，但稍一投入，便受到幼时药物的报复，总感觉力不从心。

于是他读小说、散文、诗歌，学书法、绘画、乐器来充实自己。他喜欢画画，临习过《芥子园画谱》。

1944年，13岁的沈鹏入南菁中学。中学期间，父亲从上海给他带来的《观察》《文萃》等刊物对他影响很大，喜爱文学的他发表过二十余篇文章。高中时期，他和同学顾明远等组织学校进步文艺社团“曙光文艺社”，用课余时间编刊物，创办了进步刊物《曙光》，还出过单行本，封面使用李桦的木刻《怒吼吧，中国》。这个阶段，沈鹏向章松庵（举人）、曹竹君等先生学习古文和诗词。

1948年，17岁的沈鹏考入江西南昌大学（今江西师范大学），攻读文学，其间翻译英文小说《穷饿临门》。上大学一年级的时候，由于他的思想进步，引起当时中共地下党的关注，一位同学将一些图书送给沈鹏。沈鹏回忆说：“我们并不认识，他把一本牛皮纸包着的毛边纸装订的小册子悄悄地塞进我的口袋。我的心怦怦直跳，赶紧走到学校旁没有人的小山坡上，打开一看，是毛泽东的《新民主主义论》。就是这样，我陆续读了《在延安文艺座谈会上的讲话》、艾青的诗、赵树理的小说等一些进步书籍。这些书在我的面前展开了一片新天地。”

二

1949 年，沈鹏以大学毕业的同等学历考入新华社新闻干训班——北京新闻学校。学校的同学张瑶均几十年后回忆说：“沈鹏在同学中被公认学习上很钻研。休息时大家说说笑笑，他却坐在床上靠着壁角或坐在马扎上看书看报，帽沿都快触到书报上，好沉静。”

1950 年，沈鹏任《人民画报》社资料室负责人。

1951 年，沈鹏调入人民美术出版社，那年他正好 20 岁。由于他是全国政协委员，因此至今，他仍是在岗职工。2011 年，在中国美术馆举办庆祝人民美术出版社成立 60 周年庆典活动时，沈鹏先生在人民美术出版社工作整整 60 年。

新中国成立初期的人民美术出版社，是一个全新的出版单位，大家都在学习中工作。沈鹏开始在社长室工作，后来也在总编室工作过。协助大量的审稿改稿，处理读者来信，接待访客，需要相当多的时间。再有，为本单位起草文件，是一项经常性的工作。

由于出版社是新建，沈鹏参与了人民美术出版社许多规章制度的制定，人民美术出版社最初的稿酬支付办法就是沈鹏参与起草的。1956 年，国家制定了农业发展纲要 40 条，大力发展生产力，人民美术出版社也相应制定了发展规划，这个规划也是沈鹏起草的。那时，沈鹏虽然年轻，只有二十几岁，但他虚心向老前辈、老领导请教，发展规划涉及到人民美术出版社将系列出版中国古代美术丛书等问题。20 世纪 60 年代时，已经开始考虑出版《中国美术全集》等工作。

沈鹏一边做好本职工作，一边学习，他研读了大量的哲学、美学著作，还有中国画论、文论、书论、诗论等，又努力撰写了许多文章，成为人民美术出版社的“笔杆子”。仅从 1949 年到 1966 年间，他就发表了约 80 篇文章，散见于《人民日报》《美术》《文艺报》等重要报刊。

1958 年至 1959 年，沈鹏下放到江苏高邮农村劳动。劳动之余，参加创办高邮、扬州两地艺校，培养当地的文化馆美术骨干。

一位画家回忆，林锴、沈鹏等人下放高邮农村劳动锻炼近一年，曾教过他们美术创作。任老师的有林锴（教素描）、费声福（教创作）、沈鹏（班主任）等。沈鹏喜音乐，能吹笛，林锴老师则哼京戏，拉得一手好京胡。在那特殊的年代，能相聚在一起谈论艺术，有时合奏一曲，是非常开心的事……

“文革”期间，沈鹏与大多数干部一样，下放到国务院石家庄干校劳动。

编辑工作是为人作嫁衣。改革开放后，沈鹏在人民美术出版社编辑和审读了大量的美术类书刊。

1979 年，沈鹏被新闻出版署任命为人民美术出版社副总编辑。同年，沈鹏创办并主编 8 开期刊《中国书画》，他很好地把握了期刊的定位，从栏目设置到印刷装订，

《中国书画》

都有很高的质量要求。20 世纪 80 年代,《中国书画》在美术界影响巨大，许多画家以在这个刊物上发表作品为荣。

1980 年,沈鹏主编的《石刻大观》(33 册) 由日本同朋舍出版。同年,他主编的《东汉碑刻的隶书》获全国书籍装帧优秀作品评比封面设计奖。

1982 年至 1983 年，沈鹏先后创办并主编美术专业期刊《美术之友》《美术向导》。前者是美术出版界的刊物，这个刊物联合了几十家美术出版社参与办刊；后者是普及类美术专业刊物，在美术工作者和爱好者中享有很高的声誉。

人民美术出版社在 80 年代后期，与几家出版社一起，出版了 60 卷本大型画册《中国美术全集》，沈鹏先生在其中担纲了部分重要工作。2015 年，人民美术出版社重新编校出版 60 卷普及版《中国美术全集》，我翻阅沈鹏先生主编的《中国美术全集 · 书法篆刻编 4 · 宋金元书法》，仍对他当年工作的激情与严谨满怀敬意。这套书获得中国图书评论奖荣誉奖。

1986 年，沈鹏任《中国艺术》主编，并主编《中国历代绘画·故宫博物院藏画集》(8 卷)，此书于 1993 年获第一届国家图书奖。

《美术之友》创刊号

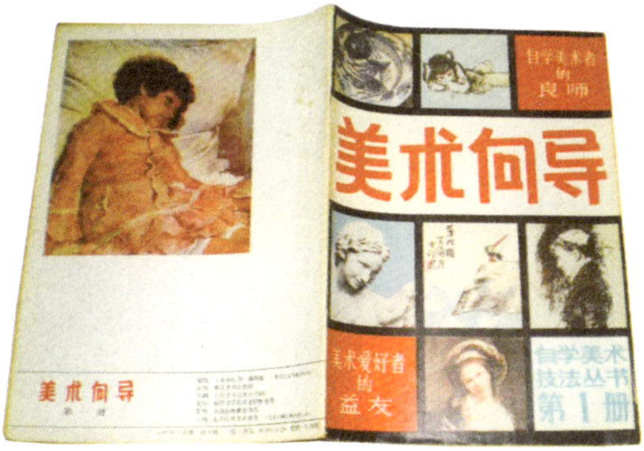

《美术向导》创刊号

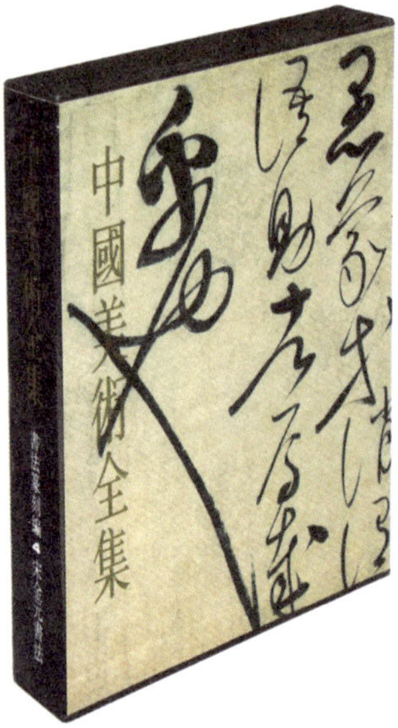

《中国美术全集 · 书法篆刻编 4 · 宋金元书法》

《中国历代绘画——故宫博物院藏画集》

《中国艺术》

1993 年，沈鹏被推举为第八届全国政协委员，直至今日。同年，沈鹏退居二线，离开出版社的工作岗位，但他仍然时时关注人民美术出版社的发展。

三

在当今市场经济中，尤其是书画市场最为繁荣的时候，沈鹏最广为人知的是他的书法艺术。如今，沈鹏先生的行草书享誉天下，一纸难求。赵朴初先生赞赏他的书法“大作不让明贤，至所欣佩”。启功先生说：“仆获交沈鹏先生逾三十载，观其美术评论之作，每有独到之处。”启功高度评价沈鹏“所作行草，无一旧时窠臼，艺贵创新，先生得之”。

沈鹏从少年时代就喜爱书法，到了工作岗位，有机会仍然用毛笔写书信、写文章。起草人民美术出版社的规章制度，他也常常用毛笔写。

20 世纪 50 年代初，沈鹏在总编办公室工作，许多文件需要他起草，到了成稿阶段，他用毛笔一丝不苟地书写。他之所以用毛笔写，是因为他“想使工作做得更认真、更完美。不久，读到郭沫若的一次谈话，说练毛笔字可以培养细致与耐心，进而以此种精神待人。这是很正确的，实际上已接触到练字与美育的关系了”。

谈起当年的编辑工作，沈鹏先生告诉我，“文革”前，他在社长办公室、总编办公室工作时，经常要写材料、开会、办学习班，许多时间就这样流失了。而有的老同志告诉我，许多人在办学习班时打盹小睡，却能看见沈鹏不停地用手指在腿上画字。这让我想起许多古代艺术家，正是由于痴迷艺术而忘我。

沈鹏是编辑，有着极强的质量意识，对文字、对设计、对工作都很挑剔，追求完美，这对沈鹏的书法创作有很大的影响。比如，大家都熟悉的应酬字画，在行内是普遍现象，对此，沈鹏认为“古代杰出的书画家‘酬’、‘应’之作也不少，而终于传世，就因为他们在创作时超出了我们日常意义上的‘应酬’二字。即便如此，古代杰出人物也因‘应酬’多而留有败笔,后人评说是无情的”。“就是应酬,我们也不能随便应付。书画家要有这种精神,每完成一幅作品就是创作。要有严肃认真的作风,不能随便写。”编辑工作的严谨对其书法创作态度的影响可见一斑。

编辑的职责是对稿不对人，不论作者是多么重要的权威，在书稿面前，编辑要敢于质疑。这也是为什么钱钟书佩服中华书局的编辑周振甫，愿意将他的书稿交给中华书局的原因。编辑的这种职责与精神在沈鹏书法中的体现，就是在敬畏艺术、敬畏古人创作的同时,敢于挑战古人,敢于独立思考,说出与众不同的话。他还有更高的索求,那就是创造出自己独特的精神风骨，致力于自己的学术理念。

比如，沈鹏多次谈到，楷书并不只是“欧柳颜赵”，还有其他的楷书范本，每个人要根据自己的特点选择临习。大家经常谈到书法家郑板桥，沈鹏对此也直言不讳地提出自己的批评意见。

沈鹏先生已将书法的精髓融会贯通到自己的书法作品中，形成自己独特的风格。在初学书法时，他认为在“打进去”的同时，要有“打出来”的意向；在“打出来”的同时，还要继续“打进去,”强化创造的根基。所谓“打进去”是刻苦临习，而“打

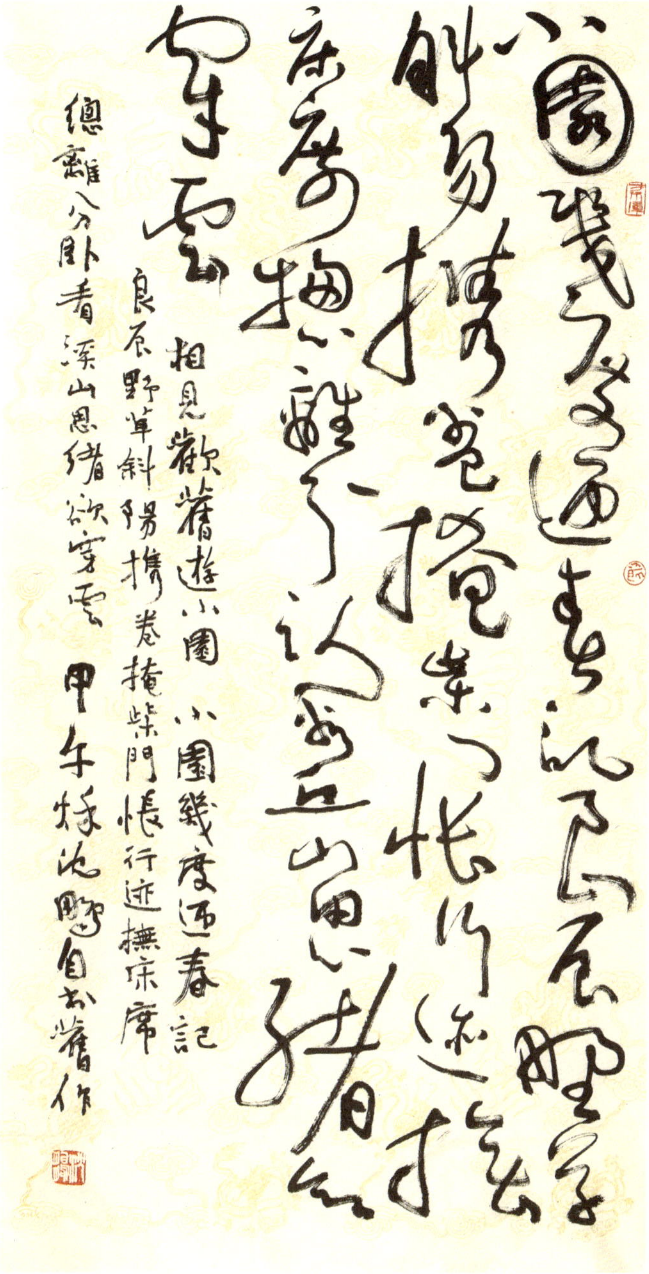

沈鹏自书词《相见欢·旧游小园》

出来”是寻找自己的特点，逐渐形成个人风格。

沈鹏先生精通书法。在他的书法诸体中，我个人比较喜爱他的行楷，他的行楷中有楷书的笔意，又有一种灵动。20 年前，我在《北京日报》上看到一个行楷的标题，感觉那字具有强烈的美感，被深深地吸引。细看署名，才知道是沈鹏先生写的。这些年一直想再看到沈鹏先生的行楷作品而不得，不知什么原因，或许是他认为风格还不够独特吧。

在书法诸体中，沈鹏最大的贡献是草书。他的草书飘逸多姿，纵横跌宕，独具个性风格。自明清以来，王铎、黄道周、倪元璐等人，强调个性，将碑的线强化帖法，是以帖为主的大草。我认为，沈鹏也是延续这条路线进行原创的探索。沈鹏的大草是在帖法的基础上参以碑的雄强，以碑化帖，线条迟涩飘逸相生，筋骨坚实健劲，结体灵活生动，章法汪洋恣肆。

如果用十六个字来评价沈鹏先生的书法，那便是“飘逸灵动，率真神飞，巧拙相生，人书俱老”。

沈鹏书法飘逸灵动。看上去，经常有人们想不到的笔触和结构，尤其是他的墨线，常常出乎意料，又在规矩之中。他的字很难仿，仿的人只知常规的临摹，却仿不出书家的内心感受。所以，仿造沈鹏的字很容易被辨识。

沈鹏书法率真神飞。他的书法作品多是自己创作的格律诗，内容情感早已体味颇深。自书心志，不用一遍一遍地书写。他追求率意而为，天真烂漫，情趣横生。

沈鹏书法巧拙相生。沈鹏的青少年时代都生长在江南，江南的灵秀滋养着他，使他在书法上有天然的柔美。他后半生在北方度过，北方的雄浑使得他的书法在灵巧中含着拙重，这是他与许多南方书家的灵秀风格的最大不同。这种拙重，使得他的书法线条飘逸但不轻佻，而他的灵巧又使得他的拙重不刻板。

沈鹏书法人书俱老。这是一种常人无法企及的境界。人老，不单指年龄大，还有学养的充实、品格的修炼，这时书法的“老”已经是随心所欲而不逾矩的境界。可贵的是，这些年在沈鹏的书法中丝毫看不出体力的下降，仍然笔笔到位，挥洒自如。

沈鹏身为国家级美术出版社的领导，站在世界艺术之巅，遍览书画艺术，对书法艺术的全局有独到而又深刻的见解。他对艺术有个性化独到的领会，但同时对各种艺术流派给予充分的理解与尊重。他的书法既遵循传统，又不囿于传统，敢于开拓创新，又不偏离审美的基础。

作为国家级美术专业出版社的领导，沈鹏对书法还有与众不同的理解，那就是对书法的布局、对每个字的结构有敏锐的感觉与独特的理解。沈鹏认为唐代张怀瓘提到的“气通于隔行”，有深刻的意义，但他还未提到“列”的关系，“行”与“列”的关系在于打破。沈鹏对黑白灰的认识和对线条组成的大小空白，都有其独到的创意。比如，他在《书法，在比较中索解》中，谈到书法和绘画的相互影响：“八大山人书法的中锋用笔，构图的空灵虚应，感情的冷峻超逸，很难说绘画与书法的相互影响从哪里开始，在哪里结束。我们甚至可以把八大的书法当作绘画欣赏，或者把绘画当书法欣赏。”

我与沈鹏先生讨论汉碑时，他非常推崇《孔庙礼器碑》。《孔庙礼器碑》有严整的一面，又有灵动的一面，笔触常常有意想不到的妙处。明代郭宗昌在《金石史》中评《孔庙礼器碑》：“其字画之妙，非笔非手，古雅无前，若得之神功，非由人造，所谓‘星流电转，纤逾植发’尚未足形容也。汉诸碑结体命意，皆可仿佛，独此碑如河汉，可望不可即也。”这些评价，用来评价沈鹏的书法，我认为也是合适的。

沈鹏的书法堪为当代书坛的楷模！

四

沈鹏先生在为人作嫁之余，喜爱中国传统文化，原喜爱新诗，四十岁后转攻旧体诗词，出版了《三馀吟草》《三馀续吟》《三馀再吟》《三馀诗词选》等诗词集。他欣

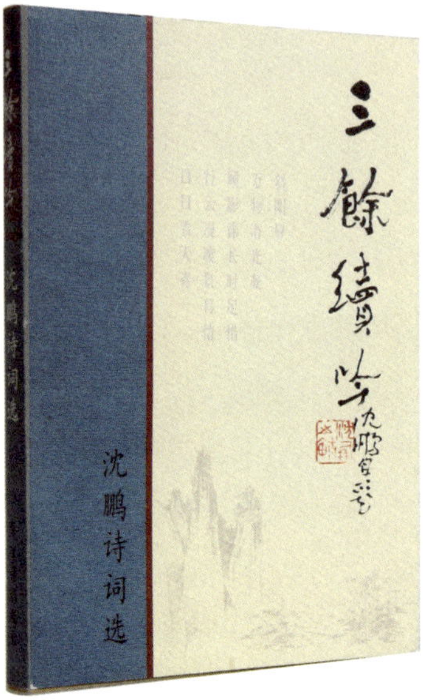

《三余续吟》

赏三国时代董遇的“冬者，岁之馀；夜者，日之馀；阴雨者，晴之馀”。他有诗云：“柱下倘能随老子，拼将岁岁赚三馀。”

人民美术出版社成立 50 周年庆典时，沈鹏先生书写了一幅对联“读书每责贪床晏，阅世未嫌闻道迟”，我至今印象深刻。他利用三馀时间认真钻研古体诗、格律诗，终成诗坛大家。

沈鹏的炼句已经炉火纯青，比如“一灯陪自读，百感警兼程”（《雨夜读》）、“不辞庾信文章老，但惜美人芳草迟”（《郊行》）、“凭高旷览无余事，鸟尽云闲万古山”（《敬亭山》），这些联句发人深省，值得玩味。

沈鹏的诗词内容丰富，无论景致变化，还是社会问题，都在他诗词表现的视野之内，文字精炼，含义深刻。不仅能给我们带来诗情画意的享受，也能给我们带来许多启迪。沈鹏先生在《读 < 甲午殇思 >》中这样写道：“新书莫作时装看，血火狼烟思国殇。历史老人开慧眼，狐群东海梦黄粱。地球虽小无宁息，周道维新待发扬。镜鉴春秋似椽笔，悲怆求索竟辉煌。”将他对历史的反思、对国家安康的忧念淋漓尽致地表现出来。

沈鹏的诗词从生活中来。20 世纪 70 年代，他创作了《一剪梅》：“一统楼居即大千。除却床沿，便是笺田。岁寒忽忽已穷年。俯仰期间，苦乐期间。心远如何地未偏，不见秋千，但见熏烟，门铃无计可催眠。过了冬天，又有春天。”诗中不仅抒发了对“冬天已经来了，春天还远吗”的暗示，也把平日生活细腻地表现出来。

北京这几年有雾霾。沈鹏先生绝句《有思》“推出尘封冻雨窗，四时最好在春光。阴云密布雾霾重，迷失花丛思故乡”。表现对生态现状的关注。

《黄山人字瀑》是这样写的：“久雨初晴色色新，山光峦表逐层分。路回忽听风雷吼，百丈飞流大写‘人’。”寓景于情，一语双关，将自己的寄托豪迈地表现出来。

沈鹏论书法诗，直截了当：“明末清初傅山公，四宁四毋发奥旨。宁丑毋媚震聩聋，妩媚献媚皆奴婢。”（《辨丑歌》）。沈鹏喜爱傅山、王铎，我想，他对傅山的书法理论有更深的理解。《遣兴》直抒胸臆：“万画都从一画来，折钗、屋漏、

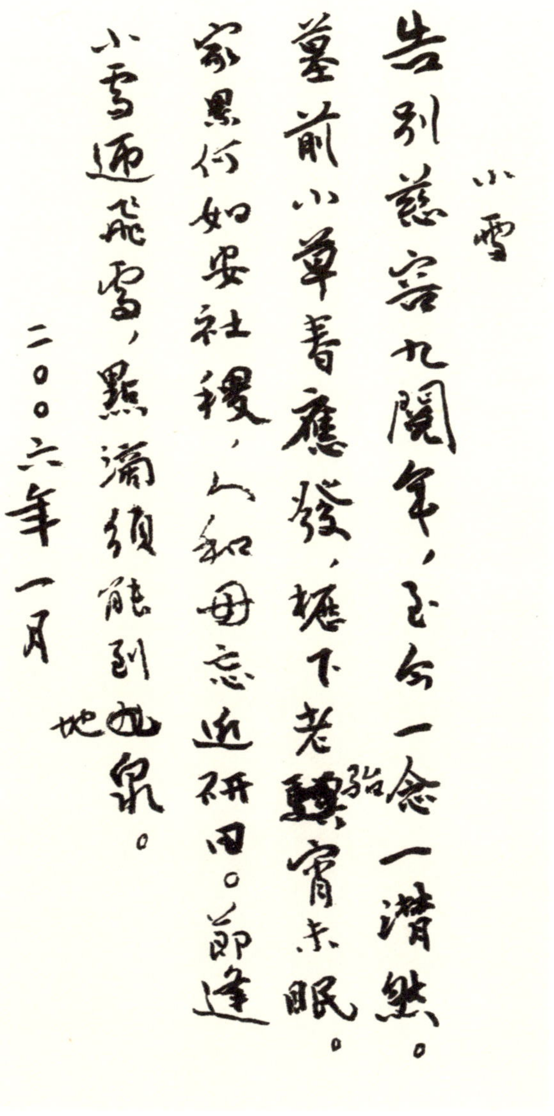

沈鹏自作诗《小雪》

草蛇灰。纵横开阖随情性，盘曲方圆散兴怀。才觉钟、王肩可比，顿教回、祝手中摧。雕虫不上灵烟阁，漫说争攀万岁台。”

沈鹏先生的《小雪》：“告别慈容九阅年，至今一念一潸然。墓前宿草春应发，枥下老骀宵未眠。家累何如安社稷？人和毋忘近研田。节逢小雪迎飞雪，点滴须能到地泉！”情景交融，真真切切，感人至深。

我曾跟沈鹏先生说，北方人对平水韵很难掌握，写格律诗还要看音韵书。沈先生表示，年轻时，他自己也常带着音韵书，遇到一些问题时，也要看书，直到今天也是这般。他还说，看音韵书对写诗也会有新的启发。

阅读沈鹏先生的诗词，时时能够感受到他的诗情、诗性、诗感。他的诗词选材开阔，内容具备相当的深度。在当今的诗词界中，他的创作已经达到一个新的境界。

沈鹏部分著作

1998年，响应赵朴初（左）号召，协同启功（中），为赈灾出力

在纽约大都会博物馆，向王己迁请教书画鉴定

五

中国书法家协会成立三十多年来，沈鹏一直参与和主持中国书法家协会的建设，尽心尽力，做了大量工作。1992年，中国书法家协会主席邵宇在深圳因公去世。同年8月，沈鹏由上级指定任中国书法家协会代主席，这一“代”就是八年。在此其间，沈鹏没有向上级提过任何个人要求。沈鹏提出书法创作的“浮躁”、“急功近利”等问题，

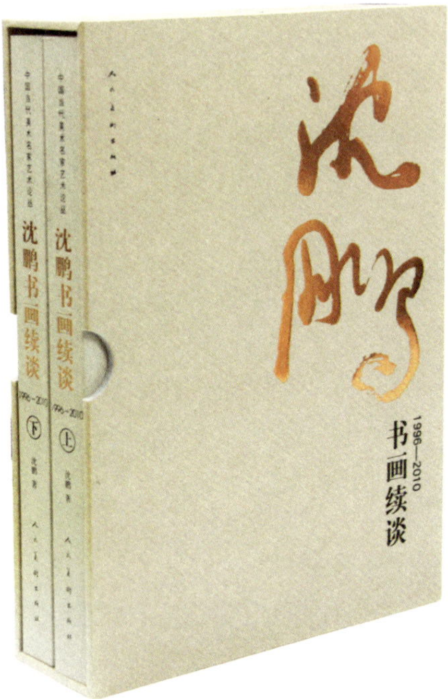

《沈鹏书画续谈》

促进协会工作正常化，广泛联系各地书协，开展国际书法活动。2000 年，沈鹏被推选为第四届中国书法家协会主席。在他担任中国书法家协会主席期间，主持制定了《中国书法发展纲要》，提出“书法可持续发展”的理念，对推动中国书法事业的良性发展、弘扬民族传统文化做出了重要贡献。

如今，沈鹏先生早已是桃李遍天下。但他的学生各有自己的面目特点，我认为，这和沈先生的书法理念有关。他认为，须以“原创性”作为书法创作和批评的主要标准，力主在继承传统的基础上，创造出具有时代特征的书法样式，进而形成符合个人精神特质的艺术风格。在中国国家画院沈鹏书法精英班，他拟定的教学方针是：“弘扬原创，尊重个性，书内书外，艺道并进。”他擅长将学生的长处和特点提炼出来，尊重其个性，再深入下去，加强原创，走自己的路，既强调继承，又要在当今的语境中创造属于自己的书法语言。

沈鹏先生重视青少年的书法教育，在不同的场合多次呼吁书法进入中小学课堂，

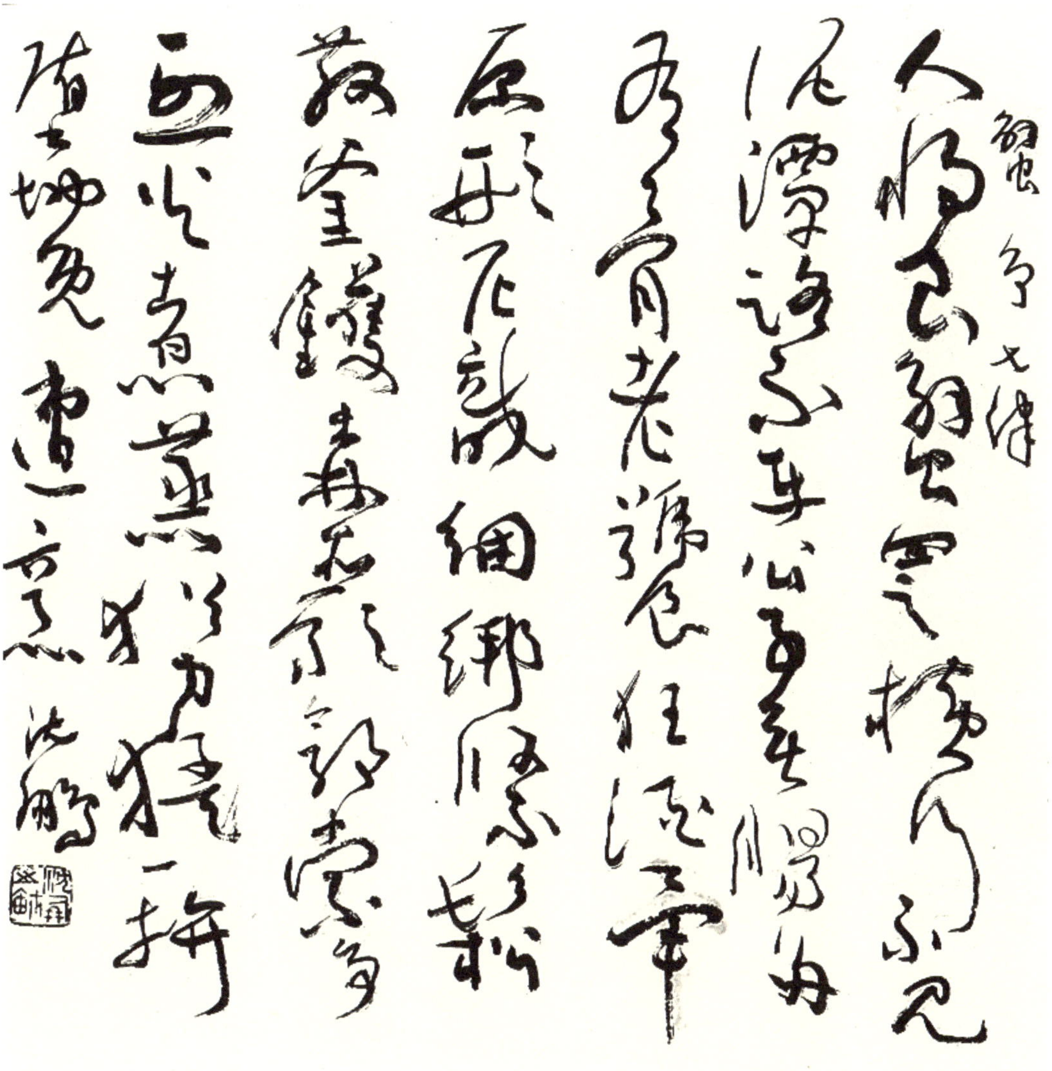

《蟹争七律》沈鹏 书法

写大字草书很费力

弘扬民族优秀的文化艺术传统。2014 年，教育部出台《中小学书法教育指导纲要》，规定书法教育将纳入中小学教学体系，学生将分年龄、分阶段修习硬笔和毛笔书法。沈鹏先生不顾年龄大，身体欠佳的实际情况，多次接受采访，提出书法进入中小学的课堂，普及书法知识，提高全民的审美素质。

沈鹏先生德艺双馨。2007 年，国务院聘任沈鹏为中央文史研究馆馆员。在此之前，沈鹏建议多名书画界人士担任馆员受到采纳。沈鹏参与了馆里大量的工作，多次在全国各地举办的资助希望工程、抗震救灾、公益扶贫等活动中，积极捐款、捐书、捐赠书法作品。他将珍藏的齐白石、黄宾虹、康有为、郭沫若等名人字画捐给了母校南菁中学，将自己创作的书法作品分别捐给中国国家画院、中国美术馆等单位。他为人民美术出版社捐出百万元的出版基金，为年轻的学者出版美术学术图书尽一份力量。他在中国国家画院等五家单位设立书法基金，推动书法的发展。

今天的沈鹏先生，已经 84 岁高龄，但他依然临池不辍，书法愈发炉火纯青，人书俱老。沈鹏先生还在关注中国书法事业的发展，还在关注中国美术出版事业的发展，祝沈鹏先生艺术生命长青！

曹洁

〔书籍装帧设计家〕

——曹洁先生——

作嫁，就做最美的嫁衣

——记人民美术出版社书籍装帧设计家曹洁

曹洁

(1931-　)

江苏省苏州人，书籍装帧设计家

人民美术出版社编审，中国美术家协会会员，中国出版工作者协会装帧艺术研究会理事。毕业于苏州美术专科学校中国画系，1951年调入人民美术出版社，从事书籍装帧工作。她参与装帧设计的《苏加诺工学士、博士藏画集》获得1959年莱比锡国际书籍艺术展览会金奖；她装帧设计的《宋人画册》获得1989年莱比锡国际书籍艺术展览会金奖，《新波版画集》获得1979年第二届全国书籍装帧艺术展览整体设计奖，《中国历代绘画故宫博物院藏画集》获1991年中国优秀美术图书奖特别金奖，《宋元明清缂丝》获得1991年中国优秀美术图书奖金奖。1995年获国务院突出贡献政府特殊津贴。

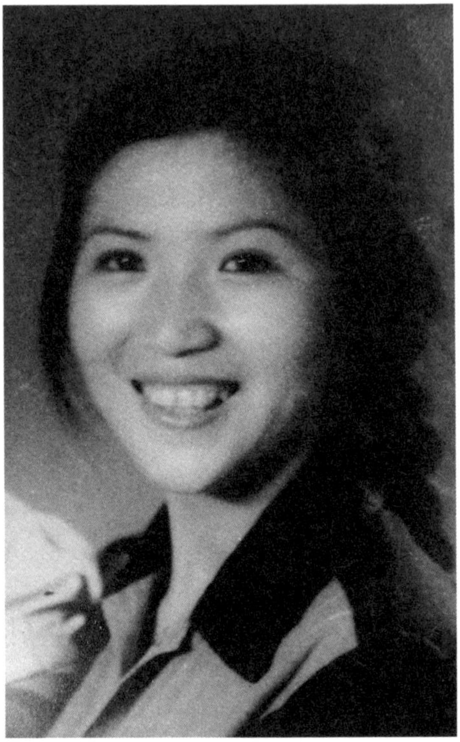

年轻时期的曹洁

一

1931年，曹洁出生在苏州一个书香家庭，家里不富裕，但书很多。她祖父是开书画铺的，父亲古文和书法都很好，在上海教书。曹洁从小养成读书的习惯，喜欢读叶圣陶和丁玲的书。父亲有重男轻女的思想，所以，曹洁小学毕业，家里就不让她继续读了。于是，曹洁在家里自学，后来喜欢上仕女画，临摹了优秀仕女画作品四年。

抗战胜利后，苏州美术专科学校复校，曹洁想去学习，家里不同意。15岁的曹洁背着家里去考试，结果考上了却得不到家里的支持，没有学费，曹洁一年级时在街头摆饭摊赚钱付学费，她常常是做好一锅饭，炒几个小菜，卖给拉人力车、做苦力的人。

曹洁学习努力，第二年因成绩优异跳级，从一年级直接跳到三年级。学校副校长胡粹中知道她的困难后，给她减免学费，还介绍她去纯一中学附小教书，半天上课，半天教书，勤工俭学。

别看曹洁年龄小，个子瘦小，可她教的课非常受学生欢迎。学校里有一个大花园，她常带着学生去花园里写生。曹洁与他们一起成长，她用薪金买笔、买纸和生活用品。

看到学生没有什么书读，曹洁和哥哥一起居然办起了图书馆，名曰“穷光图书馆”，地点是苏州中山堂。她开图书馆不赚钱，将自己家里的书拿出来，让穷学生也有书读。

苏州美术专科学校每年都要搞展览，只有曹洁画工笔仕女，她画的仕女生动传神。当时学校是荣毅仁家族资助的，荣家人很喜欢曹洁的画，学校每年就将曹洁的画当作礼物送给荣家。

曹洁接触的人中有中共地下党员，他们的进步思想影响着曹洁。1946年，因李公朴、闻一多被国民党特务杀害，曹洁和学生们一起上街游行。因为此事，许多同学被开除。曹洁虽然没有被开除，但不再减免学费了。老师劝她，没被开除就是幸运的，学费由老师垫付。开学后，曹洁通过教书，还上了学费。

1949年，苏州解放，曹洁在新中国成立后三四天就参军报到了。那是解放军第三野战军十兵团。她先在文工团工作，主要是画领袖像，画朱德、毛泽东、刘少奇等。因为她画得好，不久被调到新闻美术队。但由于她的身体不适应，大病了一场，部队开拔时，她还躺在病床上。

过了不久，苏州社会教育部的解放军让她到苏州第一文化馆工作。这是一段快乐的时光，她很投入又快乐地工作，画了许多招贴画，她还负责妇女工作，组织街道妇女们写黑板报。

二

1951年6月，曹洁被调到北京时人民美术出版社还未正式成立。曹洁到人民美术出版社筹备处报到，筹备处的负责人是邹雅。对于曹洁而言，那时工作条件很差，工资比苏州还要低，没有房子住，只能住在仓库里。

曹洁到人民美术出版社，看到许多画家在创作，她也想画画，但出版社交给她的

52,97

20 世纪 50 年代与人美社同事合影，二排右一站立者为曹洁

任务是设计，一切要从头学起。陈允鹤是设计组组长，他让曹洁从学写仿宋字开始。曹洁很快掌握了美术字体的书写，并尝试设计一些宣传画。邹雅征询她的想法，并对她的设计方案进行鼓励，这对于刚刚从事设计的曹洁来说，有了新的创作动力。

黄苗子对她的影响也很大。黄苗子常常到设计组，有时在那里写作。后来黄苗子被打成“右派”，他不让曹洁和他说话，即使一起坐 24 路公交车，也是一样，怕连累她。黄苗子告诉她，做装帧设计，必须学会搜集资料，搞设计不能只看当代，也要看古代，传统的都要学，先做杂家后做专家。

《苏加诺工学士、博士藏画集》是人民美术出版社 1956 年接到的国务院下达的出版任务，人民美术出版社抽调了最优秀的编辑设计队伍，邵宇挂帅，由曹辛之担任书籍装帧组组长，曹洁参与了这套享誉世界的图书的装帧设计工作。

1959 年，人民美术出版社决定参加德国莱比锡国际图书艺术博览会，让曹洁重新设计《苏加诺工学士、博士藏画集》。曹洁选择封面用羊皮雕刻冲压。当时这样的

《苏加诺工学士、博士藏画集》设计手稿及硬封、书影

技术在全国几乎是没有做过的。得知上海有这样的师傅能完成这样的技艺，曹洁便去了上海。她和上海的师傅一起试验了三个月，反复地雕刻、冲压，终于圆满地完成了预定的计划。《苏加诺工学士、博士藏画集》在 1959 年德国莱比锡国际图书艺术博览会上获得金奖，这也是新中国第一次获得国际图书金奖。

三

在人民美术出版社工作期间，曹洁装帧设计了许多图书。

《芥子园画传》，简洁大方，一目了然，一版再版。直到今天，人民美术出版社出版的《芥子园画传》，仍然延续着这种风格。这套书的设计，曹洁抓住了读者的心理需求，突出技法书的特点，字大，醒目。“芥子园画传”五个书法字体撑满全书，留一个字的地方用红字表达每本书的不同。底色用元书纸的颜色，符合学画人的记忆识别。她说：“我设计的东西一定要有中国气派，民族风格。我要坚持！”

《古元木刻选集》是曹洁设计的代表作。曹洁很有个性，她看中的道路往往希望一直走下去。在人民美术出版社那些年里，木刻画册占有一定位置，数量也多，像她设计的《新波版画集》，还有一本特点突出的《解放区木刻》。《解放区木刻》封面以木板作底，有仿真效果。曹洁在设计《古元木刻选集》时，力求出新意。她反复修改了三次，在邹雅的支持下，设计出新的感觉。粗黑的字与框，视觉冲击力强。底纹用灰色粗布料，雅致有趣，主题鲜明。我以为，这本书的设计一定是曹洁很喜爱的。

《君匋书籍装帧艺术选》出版于1963年，曹洁一定是带着强烈的感情色彩设计的，钱君匋、陶元庆、司徒乔等书籍装帧设计家都是她所敬佩的，他们是鲁迅的追随者，也是书籍装帧的实践者。这本书的封面充满了书卷气息。钱君匋是著名的书籍装帧设计家，也是著名的篆刻家、画家。这本书采用冷灰色作底，左边是汉画像砖的元素，右边将书法字体“君匋书籍装帧艺术选”放在灰格中，留下一个格放红色的印章，将印章放大，以求视觉的一点冲击。封面简洁，是一件美丽的“嫁衣”。

《竹林七贤画像》也沿用了中国元素，汉画像砖作底，突出其粗砺，封面中间三分之一处，干净的灰地，汉隶字体书名，古色古香，让人印象深刻。需要说明的是，曹洁不仅设计封面，内文设计也是她考虑的。这本书的内文采用竖排，上图下文，疏朗有致，使阅读更加愉悦。

《西汉帛画》是曹洁设计的又一个高峰，在书籍装帧界颇获好评，1972年由文物出版社出版。当时文物出版社归人民美术出版社管理，这本书就交给曹洁设计。西汉帛画是长沙马王堆汉墓出土文物中最珍贵的文物，也是我国帛画中的精品。这样绝顶的艺术品如何配上好的设计，让曹洁激动不已。在设计时，曹洁恰恰避开了各种高档的材料，只是用朴素的辽阳纸板的本色做封面外套，用出土棺木图案做底纹，朴素大方。银色的云纹，汉简的字体，封面雅致优美，既有古代的文化气息，又有时代感。

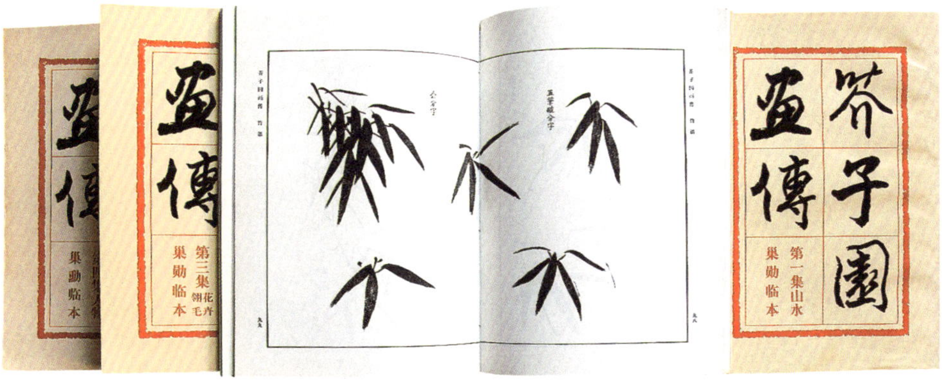

《芥子园画传》

《古元木刻选集》

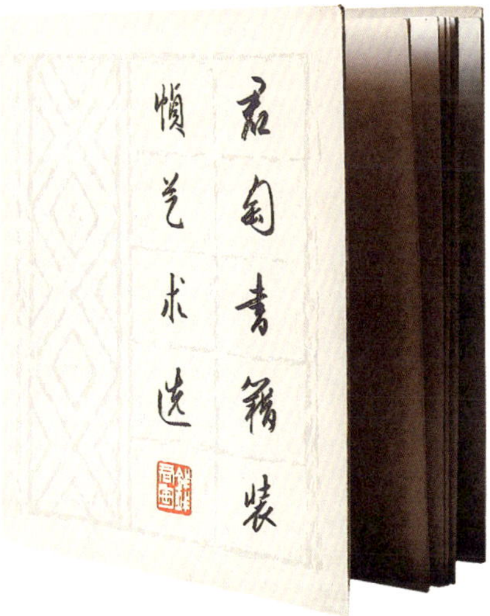

《君匋书籍装帧艺术选》

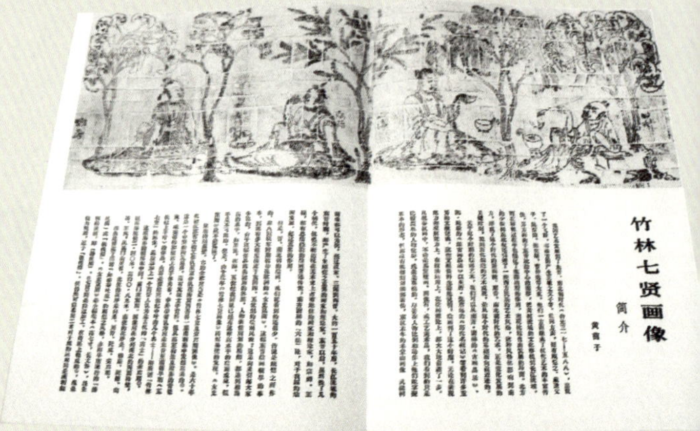

《竹林七贤画像》封面 内页

《西汉帛画》函盒

《道子墨宝》函盒

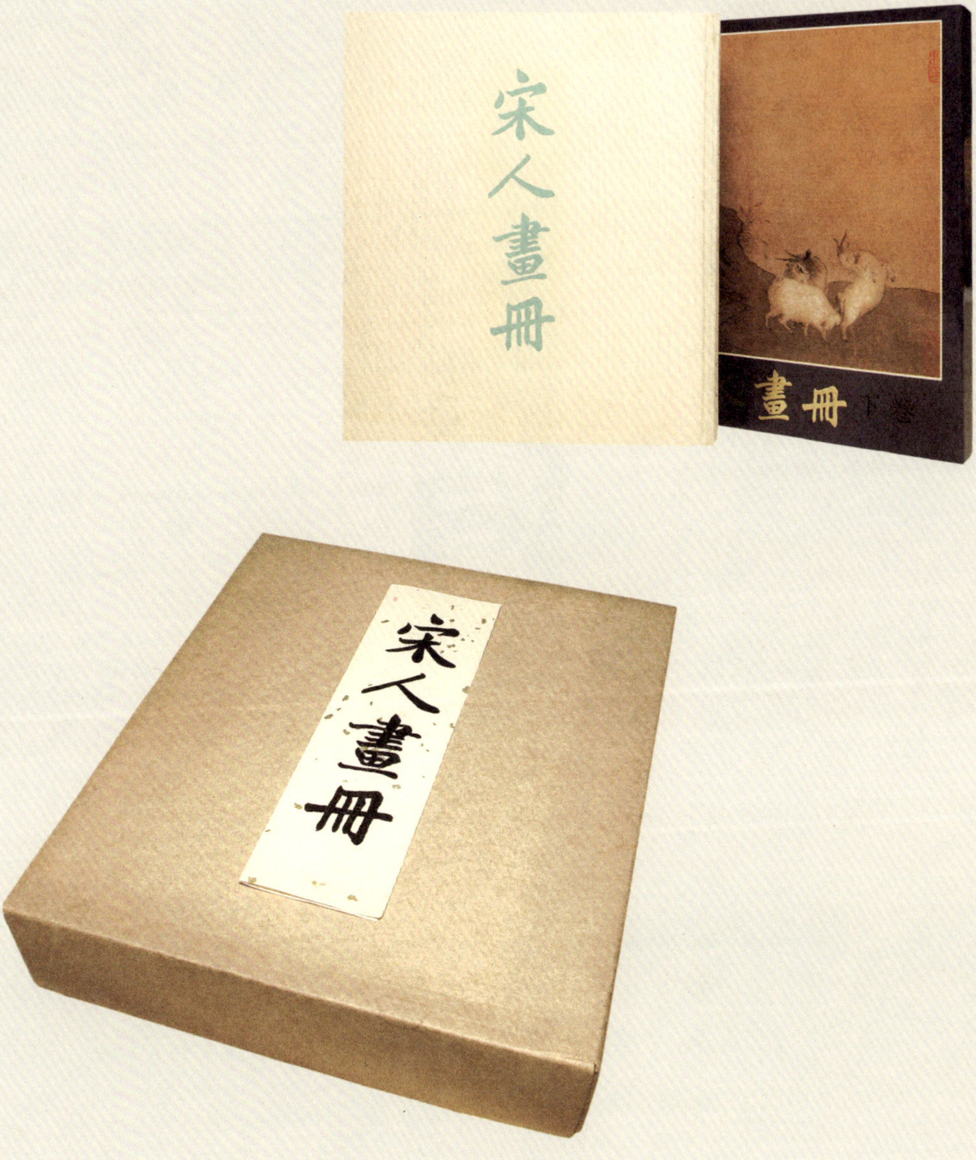

《宋人画册》封面　护封　函盒

《宋人画册》是人民美术出版社的重点图书，内容是故宫博物院收藏的宋代绘画100幅，全部彩色印刷。为了参加国际书展，出版社组织了一个设计团队，并放心地交给曹洁负责。这本书出版于20世纪80年代末，恰逢曹洁设计生涯的高峰。此时的她，已经开始摒弃复杂的设计理念，这本书在设计上更简约、更大气，真正体现了书籍装帧的最高境界：设计是为了看不出设计的痕迹！除了常规的设计外，曹洁在封套的字体色彩上下了功夫。粉绿或称石绿不是在设计界常见的色彩，因为一旦偏色，会让人感觉俗气，但曹洁坚持用色，并在印刷厂盯着印刷，保证不偏色，达到了出奇的效果。这套书获得1989年莱比锡国际书籍艺术展览会金奖。时隔30年，该书第二次获得世界书籍装帧国际金奖，这也是对曹洁的褒奖。

曹洁对书籍装帧艺术有特殊的情感和体验，保持自己的特色，为中国书籍装帧艺术描绘了一道亮丽的风景。

曹洁说：“大家都说装帧是给他人做嫁衣，可是你要知道，这是嫁衣啊，你要做出最美的嫁衣才行！”这是曹洁的心声，她也是如此实践着。

《宋人画册》获得1989年莱比锡国际艺术图书展览金奖，此图为证书与奖牌

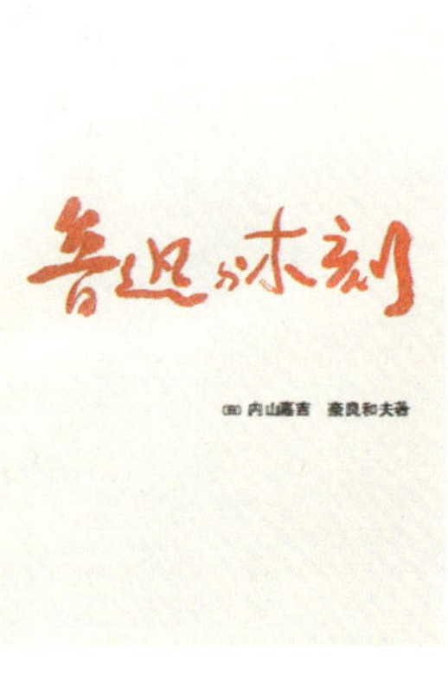

曹洁设计的部分作品书影

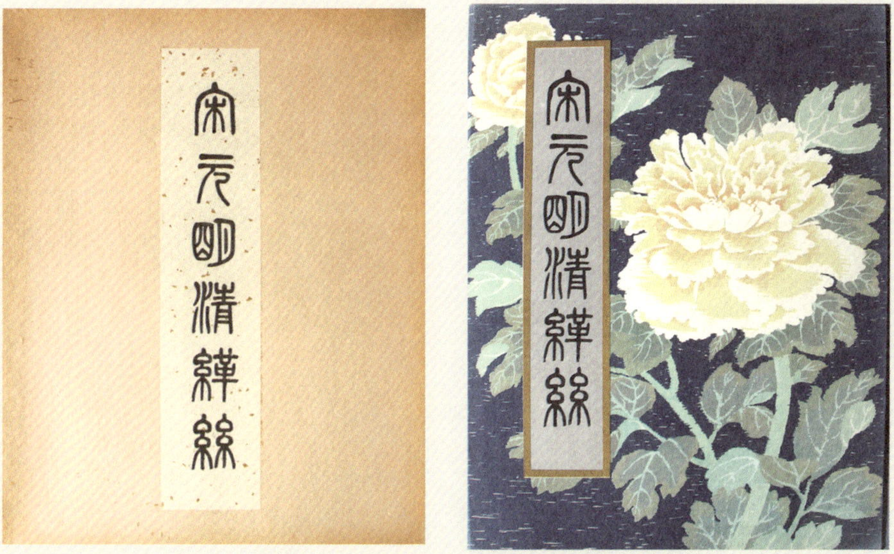

《宋元明清缂丝》简装本函套

《大足石刻》

顾同奋

〔版画家、儿童画家、编辑家〕

——顾同奋 先生——

从德国留学回来的艺术家

顾同奋

(1934–)

江苏张家港人

版画家、儿童画家、编辑家

擅长版画、儿童美术。人民美术出版社编审。自幼喜欢美术，初中、高中时受到著名画家刘子美先生的教导。1955年，毕业于中央美术学院绘画系。同年，赴民主德国留学，1956年，毕业于德国莱比锡留学生外国语学院。1961年，毕业于德累斯顿美术学院版画系，获硕士学位。回国后在中央美术学院版画系任教三年，1964年调入中国美术家协会对外联络部工作。1972年底，调入人民美术出版社工作至退休，曾任人民美术出版社连环画编辑室副主任、总编辑助理、党委书记。中国美术家协会会员，曾任中国美术家协会儿童美术艺委会委员、中国幼儿读物研究会副主任、中国连环画研究会副会长等。享受国务院政府特殊津贴。

一

顾同奋，江苏省张家港人。1934 年 3 月生于江苏沙洲。顾同奋早年生活在江苏常熟三兴镇和长江对岸的南通市。两个城市都是历史名城，也出过许多名人，如范仲淹、王安石、米芾、文天祥、刘半农、张光斗、王个簃等。

顾同奋是受美术老师刘子美先生的教导，才走上美术创作道路的。刘子美先生曾在 20 世纪 20 年代就读于国立西湖艺术院，与李可染是同学。他曾先后在常熟三兴镇和南通两地任教，顾同奋恰好在两地都是他的学生。刘子美先生经常带学生外出写生，培养了顾同奋绘画的兴趣。在校期间，顾同奋画了许多街头宣传画。

1949 年，15 岁的顾同奋以优异的成绩考入通州师范学校。不久，顾同奋发现自

顾同奋（前排左五）与中央美术学院绘画系同班同学和老师合影

顾同奋（左一）在德累斯顿学习时与德国同学在一起

己对绘画的兴趣越来越浓厚。终于，在老师的支持下，1951年，她以同等学历考入中央美术学院华东分院（中国美术学院前身）。考入学校后，她被分配到实用美术系。1951年底至1952年初，顾同奋在安徽寿县参加土改工作。

1952年，根据全国高等学校院系调整需要，中央美术学院华东分院实用美术系并入中央美术学院。1953年顾同奋随庞薰琹、雷圭元等老师迁至北京。顾同奋学习了半年的工艺美术专业，受教于常沙娜等老师，但她喜爱绘画，最后还是转入了中央美术学院绘画系，受教于戴泽、萧淑芳等老师。

二

1955年，顾同奋从中央美术学院毕业，同年在文化部的安排下，赴民主德国德累斯顿美术学院留学，师从著名版画家莱·格罗迪西教授。莱·格罗迪西教授当时是民主德国美术家协会主席，曾访问过中国，擅长铜版画、石版画。

民主德国的美术教育从1955年开始变革，改变了原来的苏联的教学方法，恢复了自己的艺术教育制度。那时，中国的美术教育要求学生素描训练每张大约要画100小时，而民主德国的教师，尤其是顾同奋的教师——石版画画家利希特教授，有自己独特的教学理念和方法。顾同奋回忆说：“他在素描教学中特别强调整体观察方法，强调结构，反对照相式模仿对象。他教我们画人体时，最长的作业不超过半天，最短的作业只几分钟。用钢笔和水墨来画（不用铅笔、炭笔、橡皮等可擦改的工具）。这种方法要求学生经过深入观察，在头脑中形成‘一张画’，然后把记下来的‘这张画’通过自己的手迅速地画在纸上。”顾同奋在这样的德式美术教育下，不断地充实自己，灵活地掌握学到的知识，将素描、速写和创作结合起来，创作出新的作品来。

文化部安排她学习版画专业。当时国内的版画虽然蓬蓬勃勃，但基本限于木刻，对铜版画、石版画了解不多，所以文化部要求她学习铜版画和石版画。

1961 年，顾同奋毕业于德国德累斯顿美术学院，获硕士研究生学位。我们无法想象顾同奋的学习能力有多强，仅仅看她在短短的几年间，能在德语国家硕士毕业，足以说明她学习的刻苦和极高的艺术悟性。她是中国留学生中以德语硕士毕业的第一位女艺术家。

1961 年，顾同奋回国，在中央美术学院版画系任教，这是她的对口专业。顾同奋在学校尝试着美术教学的改革，她既熟悉中国的美术教育制度，也体会到德国的美术教育的不同之处，深知中国美术教育的问题所在。然而，在当时国内艺术界，还处于政治运动中，顾同奋的理想无法实现，这也是她的遗憾之一。

1964 年，顾同奋被调到中国美术家协会对外联络部工作。不久，参加“四清”，直到“文革”开始。1969 年，顾同奋同大家一起，下放到静海五七干校劳动，这期间她很少动笔。

1972 年，顾同奋结束了三年的干校生活，被调入人民美术出版社，她终于可以从事专业的美术工作了，也可以搞创作了。

三

顾同奋 1972 年调入人民美术出版社，社长邵宇刚刚从湖北咸宁五七干校回来，他安排顾同奋在总编办公室看稿子。这些稿子有摄影的，有绘画、图案的，也有理论

《人体练习》 顾同奋 素描

类的书稿。当时，连环画编辑室的稿件相对多些，连环画编辑室有四十多人，主要编辑出版普及类的年画、连环画、宣传画。不久，顾同奋向社领导提出，去连环画编辑室工作，获批准后，她很高兴。顾同奋回忆说："任率英、林锴、王里、曹作锐等一批老同志都在连环画编辑室。老同志人品很好，我们不懂的地方他们毫无保留给我们讲。老同志们勤勤恳恳，上班时候要么闷头看稿子，要么改画稿，真是'为他人作嫁衣裳'。"1974年，顾同奋任连环画编辑室副主任，负责绘画部分的审稿工作。

"文革"刚刚结束，在1978年的庐山会议和1979年的泰山会议上，国家出版局（新闻出版署前身）为解决儿童读物书荒的现象，酝酿成立中国幼儿读物研究会，启动了全国儿童图书的出版工作。

人民美术出版社成立了儿童美术编辑室，此时，顾同奋主管连环画、儿童画两个编辑室，还有美编室、创作组。此后，每年出版儿童图书的数量达到四五十种。与专业的少年儿童出版社不同，人民美术出版社的儿童画编辑室主要发挥美术的优势，出版了一系列儿童读物，比如，曾经出版过一套"小折叠系列"，开型小，价格便宜，内容好，质量高，在全国产生了很大的影响。

在出版儿童读物的同时，顾同奋也关注漫画读物的开发。漫画读物在人民美术出版社的历史上出版不多，也是一件新鲜事物。人民美术出版社的老编辑顾朴、王里、丁午同时又是知名的漫画家，顾同奋充分尊重他们的意见，调动他们的积极性，出版漫画书刊。《儿童漫画》从丛刊开始做起，发展到月刊，在全国有相当大的影响，数次获得新闻出版署的各种奖励。2003年前后，月发行量近26万册。1995年，顾同奋参与创办"中国动画5155工程"中的《漫画大王》。后来，人民美术出版社引进翻译编辑的日本漫画《机器猫》曾在中国漫画市场上掀起巨大的波澜，也是日本漫画进入中国的第一套漫画作品，影响了一代人。

20世纪70年代末，以蔡若虹为组长，华君武、朱丹为副组长，组成一个筹备组，恢复组建中国美术家协会，顾同奋被借调去工作，但她在人民美术出版社的工作并未减少。组建中国美术家协会，从落实政策到人事安排、机构设置等，顾同奋都参与了。此外，她还负责中国美术家协会对外联络部的工作，组织展览及主持展览后的研讨会等系列活动。

在中国出版工作者协会旗下，中国连环画研究会是最早成立的，成立于1983年，顾同奋任中国连环画研究会常务理事、副会长，此时是连环画发展的高峰时期。1982年，连环画读物发行约8.6亿册。到1986年，中国幼儿读物研究会成立，我记得这是中国出版工作者协会旗下成立的第三个研究会，会长是少年儿童出版社的资深编辑、著名儿童文学作家鲁兵，顾同奋任副会长，她还被聘为国际儿童读物联盟（IBBY）中国分会下设的“中国儿童读物送展（赛）作品评选小组”成员及美术分组负责人。那几年，中国幼儿读物研究会很活跃，组织全国的编辑研讨，请外国专家讲课等，培养了许多全国知名的幼儿读物编辑。顾同奋多次组织主持幼儿读物研究会的全国性的美术研讨活动和中日幼儿图书研讨班交流活动。我也曾参与其中，获益良多。顾同奋多次担任国内外连环画、低幼读物的评委工作。1980年，赴日本参加联合国教科文亚洲文化中心在东京举办的“野间儿童画及插图比赛”的评委工作。2007年，担任新闻出版总署第一届中国出版政府奖评委。

2005年前后，中国幼儿读物研究会会长刘媛华，还有顾同奋等副会长共同推举我做下一届的幼儿读物研究会会长。出于工作的变动，加上顾虑这项工作可能会与中国少年儿童出版社领衔的中国少年儿童读物研究会有冲突，我婉拒了。这大概是一个遗憾吧，毕竟有些辜负了老同志的信任和厚爱，这是后话。

四

顾同奋在民主德国学习期间，主要学习铜版画和石版画。她的早期习作，从稚嫩

《妇女》　顾同奋　铜版画

到成熟，线条越来越丰富，灰色的运用也越来越熟练，速写的功底也逐渐显现出来。

铜版画《圣诞老人》，是一幅课堂作业，人物刻画生动，黑白灰的处理合理，线条洗练，幽默地表现了大家妆扮圣诞老人的情景。

石版画《白洋淀的联欢》创作于20世纪50年代末至60年代初。用西方的表现手法表现中国农村题材，对顾同奋是不小的考验，但整幅作品构图舒展，人物造型准确、主次清晰，船和芦苇的写实刻画再现了联欢的现场感。

有趣的是，这一时期顾同奋创作的铜版画《藏书票》《等妈妈》《松鼠》等，都是

《老工人》 顾同奋　铜版画

儿童题材。这些有趣而又轻松的创作，似乎在暗示着，不久以后，顾同奋会在儿童画和水墨画方面有所作为。

自 20 世纪 70 年代以来，顾同奋出版了二十多种儿童连环画，并多次获奖。

儿童连环画《三只小熊》是顾同奋组建儿童画编辑室以后的作品。这部短篇水粉儿童连环画充满了童趣。三只小熊被她拟人化，可爱，有趣。故事表现三只小熊采蜂蜜，它们共同想办法上树采蜜，看见蜂群来袭，连忙躲避。这套儿童连环画色彩艳丽，将小熊看似笨拙却又灵活的动态生动地表现出来。

《百洋淀的联欢》　顾同奋　石版画

《圣诞老人》 顾同奋 铜版画

《三只小熊》 顾同奋 儿童连环画

《犀鸟造房》　顾同奋　儿童连环画

儿童连环画《犀鸟造房》则采用水彩方式，色彩透明，对比强烈。画鸟的线条准确洗练，而画树的线条则采用儿童画的画法，稚嫩富有生趣。

顾同奋偶尔也尝试用中国画写意方式画连环画，如连环画聊斋故事《促织》，展示了她对中国画笔墨的理解。

水墨画中，顾同奋画的最多的题材是花卉，她一般不画中国画中常见的牡丹、梅花等，画的最多的是郁金香。她在水墨画的探索中，将铜版画、石版画这些元素对她的影响潜移默化地植入画作中，希望以西画的色彩、构图与中国传统的笔墨结合，形成自己独特的风格。

顾同奋说，她是当时中国留学民主德国唯一的学铜版画、石版画的画家，她的画作中留有铜版画、石版画的强烈影响，这也是她画作与众人不同的地方。多年来，顾同奋的作品多次参加国内外展出，速写、铜版画、石版画、儿童画《延安速写》《朝鲜儿童》《三只小熊》《爱争吵的猫》等曾在中国、德国、维也纳、意大利等国家展出并获得社会好评。

1986 年，顾同奋在做编辑室管理工作的同时，被任命为人民美术出版社党委书记，一干就是 12 年。她以画家的细腻做党委领导工作，兢兢业业为人民美术出版社的出版事业做出了自己的贡献。

《朝鲜婴儿》 顾同奋　铜版画

陈惠冠

〔连环画家、出版家〕

陈惠冠 先生

默默耕耘，不问收获

——记连环画家陈惠冠

陈惠冠

(1935—)

浙江余姚人，

连环画家、出版家

1953年师从宗乐山学习中国画。1959年，调入人民美术出版社为创作员。1975年任人民美术出版社《连环画报》编辑室主任。1985年，参与创办中国连环画出版社并任副总编、编审。中国现代美术全集编辑委员会委员、《连环画卷》副主编。中国美术家协会会员，曾任中国连环画艺术委员会副主任。作品有《牛头山》《仙人岛》等。连环画《黄河飞渡》获第一届全国连环画评奖三等奖。享受国务院特殊津贴。

一

陈惠冠 1935 年出生在浙江余姚一个贫苦农民家庭，幼时丧父，小时没上过学。陈惠冠幼时看见乡邻小朋友在摹画旧演义小说上的人物绣像，感到非常新奇，非常喜欢，想不到幼时的喜好为他埋下了日后从事美术工作的种子。

1943 年，陈惠冠随母亲逃难到上海，见到了上海弄堂口的小人书摊。他看小人书，认为书里面的英雄侠客、文官武将、宫殿庙宇、山水荒林都比电影还好看。

1951 年，他随宗乐山学习中国画。但在新中国成立之初，中国画卖不出去，为了生活，在没有正式培训的情况下，他拿起铅笔上街写生，不久就能外出摆摊画人像，一角钱画一个速写像，这也是陈惠冠绘画生涯的开始。

1955 年，陈惠冠开始为幻灯公司画幻灯片。不久，他开始为出版社画连环画，从此，走上了连环画的职业道路。

1958 年，陈惠冠进入人民美术出版社驻上海办事处，专事创作连环画。1959 年，调到北京，正式成为人民美术出版社创作室创作员，与刘继卣、王叔晖、林锴、墨浪等名家同室，在一起从事连环画创作。这之后，他创作了大量连环画，其中影响较大的连环画有《岳飞传》中的《牛头山》和《黄河飞渡》。

1973 年，《连环画报》复刊，陈惠冠出任美术组长。1975 年，任《连环画报》编辑部主任，全面负责《连环画报》的选题、组稿、审稿等编辑工作以及管理工作。

作为编辑部领导，陈惠冠着重抓重点稿件，使稿件兼顾思想性和艺术性，他在工作中支持创新，支持和鼓励年轻作者的成长，认真体现百花齐放精神。

在“四人帮”横行的时候，陈惠冠经过严肃的思考，做了认真的准备，提出《连环画报》不能办成新闻性刊物，而应当坚持办成文艺性刊物的意见，并在社委会上深入阐述，大力争取。

“四人帮”倒台后，为冲破长期形成的极“左”思想的禁锢，陈惠冠与全社同事一起，

1964 年，陈惠冠与阎大方、郭庭荣、刘继卣、费声福（从左至右）在吉林通化参加农村“四清”

大胆拓展题材范围，大胆启用在运动中曾被排挤的老画家，使刊物呈现出前所未有的新气象。《枫》《人到中年》《最后一课》等优秀的连环画作品喷涌而出，在当时的文艺界和全国范围内引起极大的反响，被誉为文艺战线的轻骑兵。读者反响热烈，发行量不断攀升，期发行量达到 120 万册，《连环画报》也成为当年全国十大畅销刊物之一。据一些老同志回忆，那时纸张是按计划调拨的，国家不富裕，所以出版社只能控制印数，否则印数还会更高。

二

陈惠冠先生创作的连环画并不多，其代表作《牛头山》是一本非常完美的连环画。几乎每条线都是那样舒展，舒展中又透着严谨和缜密。至今留在我印象中的官帽样式，那个平平的帽翅，恐怕还是从这本小人书上得到的。岳飞形象的塑造更突出表达了群众心中所想，人物形象英俊、魁伟，具有偶像气质。

今天再看连环画《牛头山》，别有一番滋味。记得当时看《牛头山》时，对高宠挑滑车印象深刻。今天看，虽然这段情节扣人心弦，但陈惠冠的绘画无疑是这段扣人心弦的情节深埋在我们的记忆中的原因。连环画脚本要求这里用三幅画，画出高宠从第一次挑滑车到第十二次挑滑车的过程，这对画家来讲是很困难的事。在前面许多画面中，不论是人物，还是战场场景，陈惠冠多用细线表现。第 116 幅，表现“高宠不

《楚霸王》选页　陈惠冠　连环画

《牛头山》选页　陈惠冠　连环画

识是什么东西，用枪一挑，将一辆车（滑车）挑过头去”，虽然表现高宠的轻松，但用粗线画出了滑车的重量，马腿部分的粗线也强调了马的吃力，为后面马的失足做了铺垫。第 117 幅，“后边接连推来，高宠一口气挑了十一辆，到第十二辆又是一枪”，看到这里，读者会为高宠的过人精力叫好，但马前腿明显软了下来，近景加上了粗砺的山石，预示着更大的挑战。果然，第 118 幅，马终于扛不住了，马失前蹄……

姜维朴先生在回忆《岳飞传》创作的过程时说 :《牛头山》原本是约请一位老画家画的，后来这位老画家身体不好，直到较晚的时候，才转约陈惠冠，想不到陈惠冠用非常短的时间，竟创作出他的代表作。这也是连坛的一段佳话。

《女儿国》选页　陈惠冠　连环画

随后，陈惠冠又创作了《黄河飞渡》等获得连环画界一致好评的作品，并获得第一届全国连环画评奖三等奖。

《牛头山》《黄河飞渡》的成功得益于陈惠冠先生对艺术的追求、对艺术修养的追求。少年时代的陈惠冠因为家贫，只上过一年小学就被迫辍学。但他通过不懈的奋斗和努力，在当年人民美术出版社强手如林的画家中脱颖而出，成为连环画坛的后起之秀和佼佼者。

陈惠冠先生刻苦学习，使他的水平和境界迅速达到一个又一个高峰。我曾数遍阅读他给《诗情画意》写的序文。仅有的几千字，竟写得洋洋洒洒，神采飞扬，字字珠玑，既大气磅礴，像似浩浩荡荡的江河，又精巧细致，胜似闲庭信步。这篇序即使与文学大师的文章放在一起，也毫不逊色。

陈惠冠在画过《牛头山》《黄河飞渡》等连环画作品后，风头正劲，如果他能够继续画画的话，中国画坛再出个程十发、刘旦宅，应当不是个意外，但他的作品渐渐少了，原因是他把精力投入到行政管理和培养年轻人的工作。

三

陈惠冠画山水画是在退休之后。若问他为什么要画山水，他的回答似乎简单："因为喜欢。"但我们从他的一篇关于画山水的文章中可以看出进一步的意思。他说："山水画最难的是意境。雄伟、肃穆、幽深、萧朗等等，都是意境，又不全是。意境是作者胸襟气质的总和，是作者深层审美意识的体现。山水画如果失去意境，便失去了欣赏价值。"这里可以看到陈惠冠画山水画是有情志寄托的，他的一首题画诗中有这样几句："取势莫张狂，山性本寂寞。以山做我师，万事可寄托。"

陈惠冠画山水，并无直接专一的师承，他也从未照临别人的画作，但他有数十年的钟爱，他大量阅读前人佳作，目寓心摹，从不间断，即使在他从事繁重的编辑和行政工作的时期也是如此。陈惠冠自操笔画山水以来，宋人的丘壑、元人的笔墨、明清的法式等，他都汲取。他因工作之便，上过华山、泰山、庐山，到过戈壁，到过黄土高原，作为山水画家，游历的地方很少，但他却为所见到的山川真诚地激动过。他并不主张画真山真水，但他认为这很少的游历是他创作的很大的“资本”。

中国山水画历来有一个如何处置丘壑与笔墨的关系问题。陈惠冠要求两者得兼。他认为丘壑造境对于一幅山水画是十分重要的。布局要宜开宜合，不可失大气，又不

1973 年，为创作连环画《金光大道》组成三结合创作组深入生活。关景宇、陈惠冠、刘永凯、郭鑫、刘振槐（从左至右）

《李白敬亭山诗意画》陈惠冠　中国画

《西游记》陈惠冠　插图

可无细节。每置一水一石皆须精心，又应精心统筹全局。而此种“精心”应完全是为了一幅自然而合理的画面。不要使人看出“精心”，否则便会落入匠气或习气。

陈惠冠重视笔墨，他认为中国画对毛笔的使用真是出神入化，笔法笔趣之丰富不可尽言。他要求运笔施墨不可忘“精谨”二字。对于用墨，他钦佩清人龚贤，钦佩这位由“白龚”变为“黑龚”的用墨大师。陈惠冠对他的作品细读深读，认真了解他的用墨程序和方法。陈惠冠腕下是颇有根柢的，晚年的作品笔趣丰富，不乏苍老气。他又善于用墨，其苍润浑厚的墨气满纸弥漫，可揽可掬。

与中国传统花鸟画不同，中国传统山水画，一直强调描绘主观感觉。陈惠冠先生笔下的山水不是哪一个真实的山水，他追求的是心中理想的山水。尽管他的速写功夫深厚，他的描摹能力超群，但看他的山水画，可以强烈地感受到，他笔下的传统山水画是心象的外化。

四

最早看到陈惠冠大名的，是在 1966 年。那时，我正读小学二年级。“文革”开始后，原来的学习节奏被打乱，我翻出父亲林锴所藏的连环画。先父原是画连环画的，按理说，家中应当藏有许多连环画。隔壁任率英先生家中就有几大柜子连环画。但翻来翻去，家里只有十几本连环画，有钱笑呆等人的《孙悟空三打白骨精》、刘继卣的《筋斗云》、王弘力的《十五贯》、程十发的《画皮》等。这其中就有陈惠冠先生画的《牛头山》，十五本《岳飞传》中的唯一一册。今天看来，它的存在是家父的选择。

《牛头山》扉页上陈惠冠三个字，就在不经意中多次看到。直到今天，那三个宋体字仍然历历在目。当时，我曾天真地想，怎么叫这个名字，这个人的岁数一定很大了。

世事就是这样奇怪，像是缘分，二十年后，我成为陈惠冠的下属，他是我的顶头上司。我 1986 年调入中国连环画出版社。中国连环画出版社成立于 1985 年，陈惠冠参与筹建工作，并任副总编辑。因为我在《中国连环画》月刊当编辑，业务上与他交往不多，只觉得他那时很年轻，没有架子。他身上有一种亲和力，话不多，但年轻人都乐于和他交往，他的魅力是从哪里来的呢？其时，他已经是五十岁的人了。20 世纪 80 年代末，我开始尝试策划、编辑图书。从选题到终审，都要经过他的手，即使我和搭档尽力消灭差错，每次终审回来，都会看到满满一页甚至几页的审稿意见。这就是陈惠冠。

五

如果说陈惠冠有很强的个人魅力，也许大家并不相信。在他身上，既没有雷厉风行的果绝的将军气质，也不具备宣传家、演讲家的才华。但我认为，他那温文儒雅的对人的信任和宽容，是他个人魅力为何光芒四射的最有力的诠释。

1995 年，中国连环画出版社遭遇“寒冬”，那年，他被历史性地推到一把手的位置。在这个位置上，他仅仅有一年多一点的时间。当时的状况是经营不善，亏损导致每个职工降低工资，职工中最低的月工资只有二百多元。

这时的社内，人心涣散，怨声鼎沸。陈惠冠及时地召开了中层干部会，稳定军心，讨论出版社新的经营管理方案。为了使全社每个职工明了“寒冬”的问题所在，这个讨论持续了两个月之久，争吵、骂娘、拍桌子、摔门……陈惠冠用他特有的平常心宽容了眼前的一切，并用信任的眼光注视他的爱将们。一时间，几乎所有的职工都能从他坦荡的眼中读到信任的期待。

士为知己者死，个人的潜能、集体的能量在短短的时间内完成了凝聚，并爆发出来。

《西游记》陈惠冠　插图

给予回报的，是出版社同仁空前的团结。在这最艰苦的一年，没有一个人提出调走，没有人埋怨，部门之间的配合就像朋友之间的默契。畅销书、常销书不断推出，发行码洋、回款一路飚升，年底已经扭亏为赢。次年，利润达到建社以来最好的水平……

六

20 世纪 80 年代中期，中国传统连环画走了下坡路，但当时的连环画坛，谁也不愿意议论这个谈虎色变的问题。当时，经过思索，我有许多自以为独到的观点和想法，在我与陈惠冠先生交流时，我发现我们的观点往往是不谋而合。看来陈惠冠先生早有思索，只是不轻易下结论或声张而已。他对我的某些出版思路的肯定，使我越发坚定自己勇敢前行。

1995 年，中宣部、新闻出版署联合启动“中国动画 5155 工程”。陈惠冠先生任《少年漫画》主编，让我做《少年漫画》执行主编。当时，新的连环漫画并不被社会所接受，陈惠冠先生一方面做我的坚强后盾，做我的保护人，一方面让我放开手脚创新，支持《少年漫画》与境外的连环漫画争夺市场。为了分析、了解漫画语言及其规律，他曾经一度天天看一般成人看不懂的日本漫画，这对于一个年已花甲的老同志来说是多么不易啊。

陈惠冠先生十几年前已经从行政岗位上退下来，转而从事终生心仪的美术创作，补回他失去但并不后悔的青春年华。我希望并相信他会以新的美术作品再次展示他的人格魅力。

1982 年“中国连环画赴意大利展览”在意大利举行，出版社派王丕来（左二）、陈惠冠（左三）前往。图为开幕式

徐 希

〔中国画家〕

—徐希先生—

勇于创新中国画的艺术家

——徐希

徐希

(1940–2015)

原名徐振武，浙江绍兴人

中国画家

1956 年入浙江美术学院附属中学，1960 年毕业，同年入浙江美术学院版画系。1965 年毕业，任人民美术出版社编辑，1978 年为人民美术出版社专职创作员。1989 年定居美国。一级美术师，中国美术家协会会员。擅长中国画，1982 年作品《湖上晨曲》获第八届国际绘画展大奖；1985 年作品《江南喜雨图》获日本世界博览会三等奖。1997 年速写作品《林间》获瑞典第一届国际素描大赛金奖。出版有《中国近现代名家画集·徐希》《徐希自选作品集》。

一

徐希，原名徐振武，1940 年生于成都，祖籍浙江绍兴。11 岁时，全家迁回杭州，在余杭县读完小学。少年时的徐希喜爱自然科学，曾立志要从事自然科学研究，美术老师于之青动员他参加了美术兴趣小组。1956 年，徐希初中毕业，学校决定保送他入高中部，但徐希在于之青老师的鼓励下报考了浙江美术学院附属中学，为此，徐希和父亲产生了矛盾。但徐希的理性思维为日后创作的走向产生了深刻的影响。

年轻的徐希学习刻苦，尤其是在水彩画方面，他常常到西湖边画水彩写生。为了更准确地把握人体结构，他曾去地方医院学习解剖学；为了训练写实能力，他长年来往于乡村田野间写生，去工厂体验生活。徐希画了两本连环画，被出版社采用出版。徐希后来回忆说："在附中打下的水彩画、素描和连环画的默写的基础，以及大学时期在版画上所下的工夫，对我以后的国画创作起到了潜移默化的作用。"

1960 年，徐希被直接保送进了浙江美术学院版画系。当年浙江美术学院的版画专业很强，徐希受教于赵延年、赵宗藻、曹剑锋等著名版画家。在大学期间，徐希系统地学习和掌握了木刻、铜版画及石版画的技巧。1961 年，徐希在《人民日报》发表处女作木刻《水上民兵》，不久又被几家媒体转载，引起了美术界的关注。

徐希在掌握版画的同时，还潜心研习水彩画和中国画。英国和俄国的水彩画，使他沉醉其中。

二

1965 年，徐希从浙江美术学院毕业，分配到人民美术出版社做美术编辑工作。刚到出版社，他被安排到河南安阳农村去参加"四清"运动。回社不久，"文革"开始了，

《春雨中的纽约曼哈顿》徐希 中国画

人民美术出版社正常的出版工作停滞。1970 年前后，徐希随人民美术出版社部分员工下放到湖北咸宁文化部五七干校。

我认识徐希也是那时的事，在湖北咸宁文化部五七干校，我们都是“五七战士”，只不过那时我只有 13 岁，是跟着父亲去的干校，多个“小”字，“小五七战士”。

我们所在的连队是 25 连，有三个单位，人民美术出版社、荣宝斋、版本图书馆。干校的气氛相对压抑，许多老干部到了田里，干活就打怵，可是徐希和同是美院毕业的张广、张立辰风华正茂，整日笑语不断，根本不知疲倦。其中，徐希的相貌最打眼，富有活力的大大的眼睛，还有他的招风耳，让人过目不忘。

老干部们几乎都放下了画笔，而徐希他们还在画画，我曾经看见他们在宿舍外墙

《大山塔松》徐希 速写

《布达拉宫》徐希 速写

上画画，内容大概是拖拉机装载着粮食等等。画画也是有政治条件的，许多画家并没有资格。到了傍晚收工，一些画家驻足观看，评头品足。后来，他们发展到拿着速写本到处画画，张广画得最多的是牛，徐希画得最多的是狗，那是我们精心养的狗，“黑子”、“豹子”、“花儿”。

为人大方是徐希留给我最深的印象。一次，我们一群小孩去玩，在路边的瓜棚，徐希请客，买了一个二十多斤的大西瓜，瓜农知道我们就地吃，特意挑了一个准备留籽的好瓜。七八个孩子，每人一牙儿，愣是吃个饱，西瓜那个甜，至今难以忘怀。

三

1972 年，徐希等“五七战士”陆续从干校回到了北京。那时出版社的出版工作不重，徐希参加人民美术出版社组织的创作活动，在山西昔阳大寨村体验生活达 7 个月，又到大庆油田，和油田工人共同生活 3 个月。此间，他画了大量速写作品，并开始尝试中国画的创作。

1978 年年底，人民美术出版社成立创作室，徐希调入创作室。当年的创作室还有王叔晖、刘继卣、任率英等新中国成立前成名的画家，不久，他们退休了。创作室里，年长的有王角和我的父亲林锴等人，年轻的有徐希、张广、石虎等人。

虽然画家们有画画的时间了，但搞艺术和商业毕竟不是一回事。当时画家们的经济状况并非我们今天想象得那样富裕，恰恰相反，捉襟见肘的情况是常见的。比如，画家们大量的作品是在廉价的高丽纸和皮纸上画的，使用宣纸作画是件很奢侈的事。那时,出版社每月只发给画家 5 张宣纸,而高丽纸可以一刀一刀地领。石虎曾经对我说，许多年轻的有才华的画家，因为生计问题，不得不放弃艺术，而他，之所以能够坚持搞艺术，那是因为还可以画几幅连环画生存，然后再一心一意地投入到艺术创作中。

那时，人民美术出版社创作室经常组织画家到各地写生，新疆、西藏、重庆、桂林、大渔岛、黄山等地，画家们都曾深入过生活。徐希注意体验生活，画了大量速写和素材。

人民美术出版社是国家级专业美术出版社，身为美术编辑的徐希，在这个浓厚的艺术氛围中坚持自己的艺术追求。他认为，中国画的创新一定会被世界承认，中国画的创新不仅仅是常见到的线条和构图。由于他有版画的根基，他尝试以版画的大块色彩对比，在中国特有的宣纸上作画，利用宣纸美妙的洇晕，画出自己的特点。当时的中国画坛，虽然鼓励创新，但他的创新并不被更多的人理解，甚至被非议。这种创新和前人如李可染、黄胄、傅抱石等完全不一样。

然而此时的徐希头脑很清醒，他曾总结自己："我有意识地追求山水画的风俗性，画自己最有感受的雨景、夜景、雪景。在表现方法上强调黑白对比强烈的版画感觉，运用泼墨时大量地吸收水彩技法并在宣纸上力求强化我对生活的感受。"

他选择的题材，与传统的水墨山水画完全不同，是江南城市雨景，也有湖边的帆船，他用大刷子画结构，与传统国画的毛笔用法完全不同，却强烈地画出了自己的风格。辽阔的江面，摇曳的芦苇，墨色的船；雨景中的红伞，雨中街道，湿漉漉的，惆怅的丁香花一般的诗意。

1982年，徐希的中国画作品《湖上晨曲》获得南斯拉夫举办的第八届国际绘画展大奖。这是那个年代中国画在国际上获得的最高奖项。

虽然徐希有着超人的聪颖、智慧和勤奋，当时还有人不以为然。但那次中国送去了十个人的作品，今天看来，这十个人仍然是中国美术界赫赫有名的人物。我以为，在世界主流艺术的标准中，徐希的成功绝非偶然。他的画既有中国的水墨，尤其是墨色的运用，又有西方现代艺术意识，版画的效果，强烈的装饰风格。应当说，徐希的画突破了中国人的欣赏情趣，符合世界上更多人的欣赏习惯。他的成功引发了二十年来首次"中国水墨画走向"的大论战。他的实践说明，他是将中国画推向世界的先行者之一。

《湘西古镇小街喜雨》徐希 中国画

与成名相伴的是富裕，在此之后的一个著名的拍卖会上，他的一幅作品以尺论价，甚至超过了吴冠中，排在了第一名，以至于在第二天，全北京二十多家画廊将他的作品全部售空。

在 20 世纪 80 年代，徐希连年在国际上获奖：1981 年，在“奇妙的亚洲”评选中，他的作品《长城》和《布达拉宫》获第一名；1985 年，徐希的中国画《江南喜雨》在日本世界博览会上获三等奖；1987 年，徐希创作的中国画《江南喜雨图》在土耳其“国际住房年”国际绘画比赛上获成年组二等奖。

少时放暑假，我经常到人民美术出版社创作室看徐希画画，他每天画一张大画，画幅有一面墙那么大，上午板刷铺色，中午做别的事，等画面干后下午继续画细节。

《古运河上》徐希 中国画

《拉萨街头》徐希 中国画

1988 年徐希在中国美术馆举办个人画展，吴冠中老师亲临参观指导

一张画大约有四五十平尺。徐希总是愉快地一边画画，一边和我聊天。我从未听到过他夸耀自己，他对自己的成功有着极其冷静的看法，他一直有信心，画会画得越来越好，但自己还不是高峰，卖出的作品价格高并不说明自己的画就比大师们更好。与众不同的是，徐希不是把钱存进银行，而是把钱用于投资艺术品，投资艺术品的领域又是他擅长的国画。20 世纪 80 年代初，他的画价大概每平方尺是 60 元，而许多大师的画价也不过如此。他一边把自己的画卖出去，一边去买大师的画，有的是求熟人去买，有的是直接到画家家中去买，他又懂行，买的都是精品。比如徐希买刘旦宅的画，那时刘旦宅的作品也是每平方尺 60 元，一天画一张兼工带写的画，也就能完成两平方尺。徐希去买，以生产量来说，徐希一张大画够刘旦宅等著名画家画一个月的。这个时期，他如鱼得水，经营才能体现得淋漓尽致。

在画界流传着这样一段公案。一位外国画商请徐希帮助购买一批黄胄的画，那批画大约有一二十张，徐希帮助买了。那位外国画商不知听信了谁的话，认为这批画是假的，不要了，徐希表示，可以，自己全部留下。这批画放在今天岂止升值1000倍，后来，那位画商知道真相后，后悔不迭。

徐希人品很好，古人说，同行是冤家，但我很少听到他攻击谁，即便是评论画家和作品，也力求客观公允。

徐希精明，但他同时大气。他的画卖出去了，接着，他又锲而不舍地不断地把身边的画家向画商推荐，而且不带任何功利目的，许多画家都得到过他无私的推荐，这在艺术界是极其难得的。

在1985年至1988年间，徐希多次出访，到二十多个国家旅行写生，并在多个国家和地区举办个展。这个时期他的事业到达了一个高峰。

1989年，徐希移居美国，他到美国的目的，就是“要到世界上最重要的油画中心，看到更多的西方因素，并将之运用到水墨当中去”。他认为，“一个中国画家跟在西方人后面是没有未来的”。他去美国，就是要将国外的优秀的文化吸纳进来，坚持水墨和西方色彩的结合之路。

1997年前后，徐希回国定居。

四

20世纪80年代初，中国改革开放，美术界最先在形式上创新，引起社会的广泛关注，国画又是其中变革的焦点。打开国门，外来美术带来的冲击，对继承传统的争论，各种思潮的涌起，使中国画画家们探索创新成为自觉。

徐希无疑是一位中国画探索创新的先行者，徐希的努力、天资，和他不羁的艺术气质，使他的创作不断地引起美术界的争议。徐希抓住了前人很少探讨的雨景、雪景、夜景题材，不断地重复和创新，形成自己强烈的个人风貌。当徐希在世界绘画大赛中获得大奖后，人们才不再批评他的创新成果。

徐希是美院科班出身，速写、素描都是他所擅长的，但是，画什么题材，仍是他必须确立的，他首先确定的题材是雨景。也许雨景适合不同于毛笔的板刷来表现，也许这样的题材过去在中国画中探索得少，所以雨景这个题材一经徐希的笔下，似乎就成为了他的绘画符号。由于板刷的作用，在徐希的笔下，那雨，可以是细雨绵绵，也可以是狂风骤雨。他用风帆、街景做主要的表现对象，与前人充分地拉开了距离，这是他一直想看到的结果。

雪景似乎是他雨景题材的姐妹题材，大块的留白，让宣纸的白色得到充分的展示，水墨淋漓，对水墨的运用愈发纯熟。徐希出国旅行，到欧洲各国，回来后，他创作了大量以阿尔卑斯山为题材的作品，在世界风景画中独辟蹊径，获得世界各国艺术家的关注。

范迪安曾经这样评价："徐希先生生于江南，故园情深，笔下山水多为可居可游之境，但更重现代形式创新，放笔无忌，沥彩纷华，勇于超越传统格式，直取古法未及足善的雨景、夜景、雪景，全幅水色淋漓，华幛犹湿，彩墨相间，幻如交响。"

在雨、雪、夜之外，徐希继续拓宽所表现的题材范围。他在西藏之行后，完成了一批西藏题材，这又是他独特的水墨表现手段的展示。

雨、雪、夜，成为徐希最引人注目的三类题材，但他并不满足于此，1989 年，他定居美国后，开始探索城市山水的表现。他到纽约之后创作了"纽约组画""美利坚组曲"，在中西融合的道路上又向前走了一大步。城市山水，或者说都市山水，与传统中国画的山水有极大的不同，如何表现当下的景观和情感，是一个新的课题，但徐希勇于创新，画出许多都市山水的组画，并让西方世界的主流市场接受、欣赏，他对推动城市山水画，做出了自己的努力，他为中国画走向世界，做出了自己的贡献。

为了保持自己的个人风格，同时能够更深入地从传统中国画和西方绘画艺术中汲

《纽约系列－五大道上》徐希 中国画

取养分，他在后来的绘画中，开始弱化版画的直接的铺陈，而是在色彩、水墨的细腻表现中进行不懈的探索。

除了雨、雪、夜、都市山水外，徐希还画了许多以花卉为题材的作品，并形成自己的风格语言。花卉是西方主流社会喜爱的题材，许多油画静物中，花瓶装花卉类作

《纽约系列－雨夜双子座》徐希 中国画

品很多，徐希正是考虑西方观众的审美取向。他是拿花卉作实验，更多地尝试水墨的表现手法，最终还是以城市山水为主要表现题材。他的花卉作品不仅得到中国人的喜爱，同样得到西方人的喜爱。他说:“要继承传统，同时将西方色彩运用到中国画中来，拿花做实验，因为花是有色彩的，我很乐意做这件事情。”

五

1997 年前后，徐希从美国回到了中国，住在北京三元桥附近。我有时去看他，时常聊起当下的艺术创作。他认为，现在国内的拍卖火热，但一些中青年画家的画价虚高，这是很危险的。他画室中常常有一些未完成的大画，我再也看不到当年他一天一大张的豪迈了，他花大量时间在未完成的地方精雕细刻。他的画还是那样大气磅礴，版画的色彩对比仍是他的特点，但不同的是，他对一些细部不断地进行微妙柔和的处理，将磅礴的气势和柔美的情调协调在一起，使画面更加含蓄，耐人寻味。他给我讲解作品细部中的思考和奥妙，那是外人极难琢磨和模仿的。

在他画室里有个鱼缸，养着热带鱼，但他告诉我，里面有几只透明的虾米，这不禁让我想起齐白石老人，但徐希并不画虾呀？原来奥秘不在这里。他说，热带鱼需要的温度较高，温度低的话，鱼会被冻死，而虾爱凉，一热，虾就会死。每次，他买来几十只虾，可能存活不过一两只。这仅存的几只虾，是适应了水温，才活下来的。由此，我想到徐希，他对待绘画中的创新实践，就像对待鱼缸中的虾一样，每天坚持不懈地在中国画的表现力上探索，失败，再探索，直至成功。

徐希的绘画将东方的水墨与西方的色彩相融合，北方的雄浑与江南的柔美相协调，形成自己独特的风格。他的中国画是民族的，也是世界的。

2013 年，“徐希作品展览”在中国美术馆举办，在这次全面展示徐希艺术成就的展览中，徐希提出：“关于中国水墨画，我还是认为应该要有个人的特色，同时要敢于做中西合并的尝试。”

徐希是这样说的，也是这样做的，徐希是 21 世纪勇于创新中国画的艺术家！

《俄罗斯丁香和芍药》徐希 中国画

《荷兰紫罗兰》徐希 中国画

后记

林　阳

《北总布胡同 32 号——人民美术出版社的老艺术家们（续）》即将付梓。

我为什么一而再地撰写《北总布胡同 32 号——人民美术出版社的老艺术家们》，因为我是人民美术出版社的子弟，幼时随父拜访过许多老艺术家。1971 年，我又随父去过湖北咸宁文化部五七干校，和这些老艺术家们朝夕相处，有着深厚的感情。后来我有幸进入人民美术出版社工作，迄今已有 18 年了。每每看到人民美术出版社曾经的辉煌，看到这些老艺术家们卓越的成就，我都会怦然心动。成为人民美术出版社总编辑之后，我常常应约为出版画集的老艺术家写前言，文章越积越多，渐渐生发了为人民美术出版社老艺术家们写一本传记的想法。这些老艺术家曾经都是美术界大名鼎鼎的人物，随着时代变迁，许多年轻人都不大了解他们了。这一选题得到汪家明社长的支持。

我开始排列人选，着手收集材料。忽然发现，这一选题的难度比想象的大得多。比如撰写邵宇这章，他曾任人民美术出版社社长兼总编辑，主持人民美术出版社工作达 30 年，为中国的美术事业做出了重大贡献。他去世 20 年，竟找不到关于他的文章，只有邵宇女儿写了两万字的回忆性文字，但又不是我需要的内容。邹雅先生原是人民美术出版社的副社长兼副总编，除了在他去世 10 周年时有一些纪念文章外，竟再也见不到关于他工作、生活的文字。这样的事情比比皆是。

为了更好地了解这些老艺术家们，在人民美术出版社资料室，我认真阅读前辈编辑的出版物。如鲁少飞，著名的出版家，他曾在 20 世纪 30 年代主编《时代漫画》。翻阅他所编辑过的书刊，挖掘出当年他编辑《长征画集》的曲折故事。又如李平凡，编辑过许多有关木刻的图书，是中日关系正常化的见证人。在采访人民美术出版社的一些老同志时，知道了邹雅和曹洁曾为封面设计各持己见，大声地争执，最后双双落泪的感人故事；知道了沈鹏在 20 世纪 60 年代初，因喜爱用毛笔抄写文件，被邹雅点化，方开始临碑帖，从而一代书法大家出现在世人面前。还因缘际会，写出了李青萍、张路等被人们所遗忘的老艺术家们。

《北总布胡同 32 号——人民美术出版社的老艺术家们》出版后，正值人民美术出版社搬离北总布胡同 32 号，即将迁入新址之际。北总布胡同 32 号，成为人民美术出版社的精神象征，成为人民美术出版社员工的情感依托。这本书出版得恰逢时候，获得一致好评。同时，许多人希望我继续写。有了这个动力，我写了这本续集。

第一本撰写的全部是离世的老艺术家。第二本原计划写离世的艺术家和 80 岁以上的艺术家。徐希突然离世，我很难过，为他重新写了一篇。

近几年，人民美术出版社取得了骄人的成绩，出版了一系列好书，获得十余项国家级图书奖，2013 年、2014 年连续入选“中国好书”，再版图书达到 400 种，每年输出版权超过百种。这些成绩固然离不开今天人民美术出版社员工的共同努力，也与前辈创下的品牌基业有着直接的联系。

要写的人还有很多，当年在人民美术出版社工作过的许多“鲁艺”的老艺术家还未写到，还有调离人民美术出版社的艺术家们。像人民美术出版社第一任总编辑朱丹，因为材料太难收集，至今没有写出来。还有许多出版家、编辑家、翻译家等，他们为人民美术出版社的出版事业做出了巨大的贡献，我们不能忘记他们。

感谢人民美术出版社老艺术家的家属们，没有他们给予的帮助，我无法完成这两本书。

感谢汤锐、刘竞艳和鲁明静，她们为此书做了大量的编辑和设计工作。

我还会写下去，同时期待着我的同事们，拿起笔，记录前辈们渐行渐远的身影，将人民美术出版社的“大美”精神传递下去。

林阳

2015 年 8 月 31 日

参考书目

1. 《李青萍画集》, 北京：人民美术出版社，2014

2. 《新中国连环画 60 年》，北京：人民美术出版社，2009

3. 《顾同奋画集》，北京：人民美术出版社，2012

4. 《原创 · 艺术 诗意 · 人本——沈鹏书法艺术学术研讨会文集》，
北京：人民美术出版社，2011

5. 《力群画传》，太原：山西人民出版社，2009

6. 《中国连环画画家作品集——卜孝怀》，北京：人民美术出版社，2011

7. 《李平凡文集》，（香港）：中国东方艺术中心，2000

8. 《鲁少飞与〈时代漫画〉》沈建中 . 著

9. 《回忆我的父亲鲁少飞》, 鲁海成手稿

10. 《张路的黑白世界》, 哈尔滨：黑龙江美术出版社，2000

11. 《徐希自选作品集》，北京：中国书店，2013

图书在版编目（CIP）数据

北总布胡同32号：人民美术出版社的老艺术家们（续）/ 林阳著 . -- 北京：人民美术出版社，2015.8
ISBN 978-7-102-07304-0

Ⅰ. ①北… Ⅱ. ①林… Ⅲ. ①美术家—生平事迹—中国—现代 Ⅳ. ① K825.72

中国版本图书馆 CIP 数据核字（2015）第 217259 号

北总布胡同32号

——人民美术出版社的老艺术家们（续）

编辑出版 人民美術出版社

（100735 北京北总布胡同32号）
http://www.renmei.com.cn
发行部：(010)56692185
(010)56692193
邮购部：(010)65229381

责任编辑 汤 锐 刘竟艳
装帧设计 鲁明静
责任印制 文燕军
责任校对 魏雅娟
制版印刷 影天印业有限公司
经 销 新华书店总店北京发行所

2015年9月第1版 第1次印刷
开本：720毫米×1000毫米 1/16 印张：17.5
印数：0001—3000册
ISBN 978-7-102-07304-0
定价：59.00元